CATALOGUE
DES
GENTILSHOMMES
DE BOURGOGNE

BRESSE, BUGEY, VALROMEY

ET DE LA PRINCIPAUTÉ DE DOMBES

QUI ONT PRIS PART OU ENVOYÉ LEUR PROCURATION AUX ASSEMBLÉES DE LA NOBLESSE
POUR L'ÉLECTION DES DÉPUTÉS AUX ÉTATS GÉNÉRAUX DE 1789

Publié d'après les procès-verbaux officiels

PAR MM.

LOUIS DE LA ROQUE ET ÉDOUARD DE BARTHÉLEMY

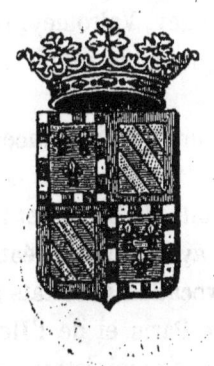

PARIS

E. DENTU, LIBRAIRE | AUG. AUBRY, LIBRAIRE
AU PALAIS-ROYAL | 16, RUE DAUPHINE

1862

Tous droits réservés.

AVERTISSEMENT.

L'ancienne généralité de Dijon comprenait les provinces de Bourgogne, Bresse, Bugey, Valromey, pays de Gex, et la principauté de Dombes, que nous réunissons dans une même livraison.

La Bourgogne était une des provinces les plus importantes de France avant 1789 (1). Elle était comprise entre la Champagne, la Franche-Comté, la Bresse et le Bourbonnais. Ses députés des trois ordres avaient la préséance sur ceux des autres provinces dans la convocation des États généraux, à l'exception de ceux de la Ville de Paris et de l'Ile de France. C'était un pays d'État, qui avait son administration particulière, comme la Provence, le Dauphiné, le Languedoc, la Bretagne, la Normandie, etc.

Cette province fut une première fois réunie à la couronne de France par le testament de Eudes IV en faveur de Philippe de

---

(1) Les armes de Bourgogne étaient : Ecartelé au 1 et 4 de France à la bordure componée d'argent et de gueules, qui est de Bourgogne moderne; au 2 et 3, bandé d'or et d'azur, à la bordure de gueules, qui est de Bourgogne ancienne.

Valois, mari de sa sœur Jeanne, le 21 novembre 1361. Elle lui fit définitivement retour sous Louis XI, comme fief mâle, à la mort de Charles le Téméraire, qui ne laissa qu'une fille, mariée à Maximilien d'Autriche.

Elle correspond aujourd'hui à la plus grande portion des départements de la Côte-d'Or, de Saône-et-Loire, de l'Ain, de l'Yonne et de l'Aube.

La Bresse, le Bugey et le pays de Gex, qui avaient mêmes États, même Police, même Gouvernement, et qui faisaient anciennement partie du duché de Savoie, furent réunis à la couronne par Henri IV, en échange du marquisat de Saluces, dont les ducs de Savoie s'étaient emparés pendant les guerres de religion.

La Bresse comprenait encore la Principauté de Dombes, qui lui avait été incorporée par édit de 1781, malgré les remontrances du parlement de Dijon.

Paris, le 29 septembre 1862.

CATALOGUE

DES

GENTILSHOMMES DE BOURGOGNE

BRESSE, BUGEY, VALROMEY

ET DE LA PRINCIPAUTÉ DE DOMBES.

BAILLIAGE D'AUTUN.

Procès-verbal de l'Assemblée générale des trois ordres des quatre Bailliages (1).

28 mars 1789.

(*Archiv. imp.*, B. III, 13. p. 177, 248-262.)

NOBLESSE.

Ferdinand, comte de Grammont, grand bailli.
François, comte de la Ferté-Meun, Sgr d'Epinay.
Claude Nault de Champagny, Sgr de la Chaumelle.
Jean-Julien de Chargère, Sgr des Planches.
Charles, marquis de Chargère du Breuil, Sgr du Breuil.
Denis-François de Champeau de Saucy, Sgr de la Boullaye.
Georges Buffot de Millery, Sgr de Millery et d'Eschamps.
Jean-Jacques-Philibert Bureau, co-Sgr de Moreau.
Augustin Germain, Sgr de Montagnerot.
Antoine, marquis de Villers la Faye, Sgr de Champignol.
Henri-Georges-César, comte de Chatellux, Chaugy, Roussillon, Sgr de Roussillon.
Guy Chauveau de Quercize, Sgr d'Amancey.
Jacques de la Goutte, Sgr du Vivier.

(1) Nous croyons devoir faire observer qu'un certain nombre de familles nobles ont pu ne pas figurer dans les assemblées de Bourgogne, Bresse, Bugey, etc., pour cause d'absence, de maladie ou d'abstention.

1°. *lire Felin ou Flin —*

Anne-Paul de Fontenay, Sgr de Sommant.
Andoche-Charles, baron Descrots, Sgr Descrots.
Antoine-Michel-Melchior Cochet, co-Sgr de Trelague.
Jacques Marguerite, baron de Jersaillon, Sgr de Jersaillon.
François-Louis, comte de Musy, Sgr de Villars-lez-Tintry et Commune.
Nicolas-Antoine-Lazare-François-Xavier, marquis de Fussey, Sgr des Baugis.
Philibert de Montagu, Sgr de Pauvray et de la Tour-Guérin.
Paul-Louis de Ganay, Sgr de Visignieux.
Sébastien de la Goutte, Sgr de Pouriot.
Jean-Baptiste Boiveau, Sgr de Villers.
Ferdinand-Alphonse-Honoré, marquis de Digoine, Sgr de Mailly.
Pierre-Claude Desjours de Mazille, Sgr dudit lieu.

Tous les susnommés ont été assignés.

Ne l'ont pas été :

Louis-Casimir Le Brun du Breuil, chevalier de Champignole.
Pierre-François-Aymond de Montépin.
Henri-René-Aymond de Montépin.
Jean-Eustache-Marie-Alexandre, comte de Scorailles.
Philippe-Charles de Bernard, comte de Montessus.
François Buffot de Millery, fils.
Denis-Anne de Champeaux-Saucy, fils.
Pierre Chevallier de Montronant de Bresse.
Jean-Claude des Places de Charmasse.
Benigne de la Roche.
Jean-Olivier Lemulier.
Maurice, chevalier de Mac-Mahon.
Alexandre-Benigne-Didier, marquis de Félin, fils.   Flin
Louis-Jacques de Champs de Saint-Léger.
Étienne-Claude Martenne.
Pierre-François de Bréchard.
Jacques de la Goutte de Montrézy.
Jean-Baptiste-Lazare de Champeau.
Charles Desplaces.
Christophe Perrin de Darron.
Gaspard-François, vicomte de Courtivron.
Jean-Anne-Guillaume, chevalier Espiard de Miexpinot.
Charles-Pierre Blanchet.
François-Germain Guillemain du Pavillon.
Marc-Antoine-Charles de Fontenay.
Jules-François, marquis d'Hugon.
Jacques-Odet-Claude de Montagu.
Louis-Charles-Henri, chevalier d'Hugon.
Claude de Virgile.
Claude de Martenne.
Louis-Antoine, chevalier de la Ferté-Meun.
Jacques-Louis de la Ferté-Meun.

Les nobles ci-après comparaissent par des fondés de pouvoirs :

Louis-Marie-Gabriel-César, baron de Choiseul, représenté par François, vicomte de Courtivron.
Joseph-Alexandre, curé de la Roche-Milay, — Jacques de la Goutte de Montrezy.
André de la Colonge, Sgr de Charancy, — Pierre-François-Aymond, comte de Montépin.
Maurice-François, comte de Mac-Mahon, Sgr de Chazeu, — le marquis d'Hugon.
Henri-Charles-Louis, comte d'Hugon, Sgr de Cherchilly. — Louis-Charles, chevalier, comte d'Hugon, son frère.
Paul-Bonaventure, comte de Falletans, Sgr de Digoine et de Lusigny, — Jacques-Odet-Claude de Montagu.
Marie-Anne, marquise de la Magdeleine, dame d'Epiry, — ledit sieur de Montagu.
Marie-Anne-Simonne Descorailles, comtesse de Busseul, dame de Gissy, — le chevalier de Champignole.
Louis-Hercule-Timoléon, duc de Cossé-Brissac, Sgr de la Motte Saint-Jean, — le comte de la Ferté-Meun.
Charles Richard de Montogé, Sgr de la Vesvre, — le baron Descrots.
Jean-Baptiste-Joseph, marquis de Beaurepaire, Sgr de Brandon, — le comte Descorailles.
Antoine Chartraire de Montigny, Sgr de Montelon, — Marc-Antoine-Charles de Fontenay.
Louis-Michel Le Pelletier de Saint-Fargeau, Sgr de Montjeu, — le comte de Chatellux.
François-Louis, vicomte de Damoizeau, Sgr de Montregard, — Georges Bullot de Millery, père.
Cérice-François-Melchior, comte de Vogué, Sgr de Morlet, — le comte Descorailles.
Catherine de Chaugy, comtesse de Damas, dame d'Ornée, — le sieur de Bréchard.
Catherine-Henriette de Fieubet, comtesse de Gaucour, dame de Sivry, — comte de Chatellux.
Charlotte de Felin, marquise d'Eguilly, dame de Sully, — le chevalier de Mac-Mahon.
Nicolas-Alexandre, vicomte de Virieu, Sgr de Vaux, — le marquis d'Hugon.
Pierre-Marie-Thérèse, baron de Dormy, Sgr de Neuvy, — le marquis de Felin, fils.
Jacques-Antoine de Dormy, Sgr de Brion, — le baron de Jersaillon.
Charles-Laure, marquis de Mac-Mahon, Sgr de Voudenay, — le chevalier de Mac-Mahon, son oncle.
Louis-Charles, comte de Boussey, Sgr du Breuil, — le baron de Jersaillon.
Jean-Baptiste-Théodore, marquis de Felin, père, — le sieur Lemulier.
Eleonore-Bernarde de Faubert, vicomtesse du Buisson, dame de Cressy, — de Felin, fils.

Imberte-Jeanne-Marie-Anne de Faubert, dame de Cressy, — de Chargère des Planches.
Pierre-Anne Gaudry du Bos, Sgr du Bos, — de Chargère des Planches.
François-Amable, comte du Buisson, Sgr des Loges, — le marquis de Villers-la-Faye.
Joseph, marquis de Monteynard, Sgr de Selorre, — le comte de la Ferté-Meun.
Jacques-Augustin Dupuis, Sgr baron de Semur, — le sieur de Martenne.
François-Louis Larcher, Sgr marquis d'Arcy, — le comte de Montessus.
Charles-Claude Andrault, marquis de Langeron, Sgr de Maulevrier, — Perrin d'Arron.
François Thouvant de Boyer, Sgr de la Vallée, — Georges Buffot de Millery.
Louis-Melchior de Comeau, Sgr de Forges, — le marquis de Fussey.
Marie-Françoise-Catherine de Charbonnière, dame et marquise de Saint-Christophe, — Perrin d'Arron.
Jacques-Benigne Quarré de Verneuil, Sgr de Champeaux, — le sieur des Places.
Dame Claude-Marguerite de Brosses de Chassereux, — Aymond de Montépin.
Amable-Charles, marquis de la Guiche, Sgr de Serignon, — le marquis de Digoine.
Étienne Bruneau, baron de Vitry, — le vicomte de Courtivron.
Jean-Baptiste-Claude, marquis de Richard d'Ivry, Sgr de Chevigny, — Fontenay de Sommant.
Jean-Baptiste Rougeot, Sgr de Perigas, — le sieur de Montagu.
Jacques-Odon-Isidore-François, marquis de Sivry, Sgr de Savigny, — le sieur de Montagu.
Claude-Palamède-Antoine, comte de Thelis, Sgr du Breuil, — le comte de Musy.
Pierre-Marie de Naturel de Valetine, Sgr de Marigny, — le comte de Musy.
Etiennette Destany, veuve Boiveau de Saint-Gervais, — le sieur Blanchet.
Mathias-Léonard-Raphaël Villedieu, Sgr de Torcy, — le baron des Crots.
Jean-Philibert Boulliet de la Faye, Sgr de Maupertuy, — le comte de Montessus.
Philiberte Guichot, veuve Thevenot de Francy, dame de Vergoncey, — de la Goutte de Montrezy.
Antoine-Théodore Chevignard, Sgr de la Palue, — le marquis de Ganay de Visigneux.
Jean-Pierre Delglat, Sgr de la Tour du Bost, — Jean-Pierre Delglat, fils.
Philippe-Emmanuel, marquis de Salive, Sgr de Cromey, — Espiard de Meixpinot.
Blaise Florin, Sgr de Mont-Patey, — le marquis de Villers la Faye.
Anne-Joseph de la Venue Doley, veuve Cochet de Trelague, — Aymond, comte de Montépin.
Jacques-François des Places de Martigny, Sgr de Martigny, — le sieur des Places.
Edme Guillomier, Sgr de Serandé, — de la Goutte du Vivier.

Louise-Jeanne-Guionne Ogier d'Ivry, comtesse Ducrest, — le sieur de Chailly.
Joseph de Finance Dufey, Sgr de Chenault, — Boiveau de Villers.
Marguerite-Marie-Félicité de la Ramisse, dame de Bussière, — le sieur de Chailly.
François Maublanc de Martenet, Sgr de Beausserrin, — Boiveau de Villers.
Charles-Léopold, marquis de Jaucourt, Sgr de Crecy, — le marquis de Digoine.
Charles-François-Gabriel de Maygnier, Sgr de Chailly.

BAILLIAGE D'AUXERRE.

Liste des gentilshommes composant l'Assemblée de la Noblesse du comté et bailliage d'Auxerre, extraite des procès-verbaux de ladite Assemblée.

7-8 avril 1789.

(*Archiv. imp.*, B. III, 16. p. 306.)

Le grand bailli d'Auxerre, André-Thomas-Alexandre Marie d'Avigneau, nommé le 28 janvier 1789, installé le 17 février de la même année.

L'Enferna de Marney.
Le duc de Montmorency.
L'Enferna de Gurgy.
Baudesson de Vieuxchamps.
De Corvol.
Le Sgr de Beauche.
Baudesson de Boisseaux.
Baudesson, père.
Le chevalier Baudesson.
Le marquis de Guerchy.
Le chevalier de Boisseaux.
Le chevalier de Marie.
Bomesgole (?)
D'Arbousse.
Clément de Sainte-Palaye.
De Coulanges.
Le chevalier d'Avigneau.
Le comte de Pont.
Le comte d'Arquier.
Parisot.
D'Assigny.
De Larmane.
Marie Davigneau de Villery.
De Menon.
De Molesme.
Le Muet de Bellombre.
De Poily, *alias* de Poully.
Le chevalier de Boucher.
De Bernage.
Boucher de la Rupelle, père.
De Châteauvieux.
Le chevalier de la Rupelle.
De Chenu.
De Chenu, fils.
De la Rupelle de Tréfontaine.
De Drouas.
Rousseau de Vermol.
De Corvol.
Cullon, comte d'Arcy.
Le marquis de Massol.
De la Bassière d'Angeliers.
De Drucis.

Duverne d'Arnis.
Bertier de Grandry.
Bertier.
D'Orléans.
Le chevalier d'Estud.
De Sery.
De Montcorps.
Le marquis de Loires.
Le chevalier de Montcorps.
Le comte d'Assay.
De Sery.
Le chevalier d'Assay.
Le baron d'Avigneau, fils.
De La Vilernot.
D'Harley.
Le Carruyer de Lainsel.
De la Maisonfort.
De Saint-Fargeau.
De Villenot.
De Villenot.
Le Sgr Du Fay.
Rondé.
Le marquis de la Maisonfort.
Le comte d'Ossonville.
Du Deffant.
Le marquis de la Tournelle.
Le marquis de Graveseron.
De la Breuille.
Mlle de la Bussière.
De Monparé.
Le chevalier de la Bussière
De Guerchy.
De la Bussière.
Vathère.
Dufaur Pibrac.
La comtesse de Villefranche.
Le comte de la Ferté-Meun..
Dupertuis de Lailleveau.
Nigot de Saint-Sauveur.
Mme de la Porterie.
De L'Enferna de la Resle.
Villetard de Prunière.
Villetard de Pomard.
De Pagis.
Le comte de Baillet.

De Chancourt.
Boyard d'Egriselles.
Imbert de Nangis.
Le Muet.
La Bussière de Sambreve.
Maure d'Estud.
De la Chasse de Vezigny.
De Montigny.
Villetard de Prunières.
Le chevalier du Serre.
De Busquet.
L'abbé Davigneau.
Parisot, fils.
Martineau de Soleine.
Creté de la Barcelle.
L'Enferna de Cizelle.
Le Merle de Beaufond.
Le Carruyer de Beauvais.
Le baron de Bouy.
De Torchebœuf.
Thierriat de la Maisonblanche.
Thierriat de Mirelle.
Despense de Pomblin.
Despense de Railly.
Rondé de Signy.
Marie d'Avigneau de Cotard.
De la Barre.
De Morache.
Robinet de Grenon.
Marie, père.
Le chevalier de Minières.
Villetard de la Guérie.
Villetard de Vincelles.
De Chenu de Souchet.
De Mulot.
Mulot de Jussy.
De la Croizette.
Le chevalier de Drouard.
Du Motet.
De Courbeton.
De Draup.
Duverne.
Montcorps de Chery.
De Montcorps.

BAILLIAGES D'AUXOIS ET SEMUR.

Noms des Gentilshommes qui ont arrêté et signé le cahier des doléances.

30 mars 1789.

(*Archiv. imp.*, B. III, 13. p. 344-346.)

Commissaires.

Le vicomte de Chatenay.
Damas d'Antigny.
Constantin.
Le chevalier de Bonnard.

Le marquis de Bataille.
Le baron du Bois d'Aisy.
Le vicomte de Bourbon-Busset.

Electeurs.

Baudenet.
Berthier.
De Viviers.
Jordan.
De Guyon.
Le baron de Vichy.
Le marquis de Massol.
Le baron de Damas.
Guillot de Villars.
Mollerat de Souhey.
Henri de Chassey.
Le comte de Saint-Felin Malain.
Bouillet d'Arlod.
Reuillon de Brain.
Le vicomte de Damas de Crux.
Fitzjean de Sainte-Colombe.
Arcelot de Dracy.
Violet de la Faye.
Le comte de Brachet.
De Drouas.
Champeaux de Soussey.
Champeaux de Biard.
Perrin de Saux.
Chartraire de Montigny.
Le comte de Sainte-Maure.
Le chevalier de Valcourt.
Le chev. du Potet d'Estiennot.
Le chevalier de Vassy.
Le marquis de Precy.

Barbuot.
Le baron de Brachet.
De Seguenot.
De Bretagne.
De Rieu de Chevigny.
Le vicomte du Bois d'Aisy.
Baudenet-Dannoux.
Davout.
De Gresigny.
De Fresne.
De Montjalin.
Le chevalier de Drouas.
De Guerchy.
Le baron de Milly.
De Drouas de Savigny.
Le comte de Bourbon-Chalus.
De Creancey.
Sermizelles.
Champion de Creancey.
Suremain de Flammerans.
Croizier, vicomte de St-Segraux.
Languet de Sivry.
Le vicomte Dugon.
Espiard de Macon.
De Montcrif.
Cœur de Roy de Corsaint.
Champion de Montigny.
Le vicomte de Conygham.
Darcenay.

De Badier de Jullenay.   De Jaucourt.
Le chevalier de Lantage.   Le vicomte de Fresne.

Arrêté le 30 mars 1789.

Signé : D'Argenteuil, le vicomte de Virieu, présidents, Sallier et Gueneau d'Aumont, comme secrétaires.

BOURG EN BRESSE.

Procès-verbal de l'Assemblée générale des trois ordres du bailliage de Bresse.

23 mars 1789.

(*Archiv. imp.*, B. III, 36. p. 177-208.)

NOBLESSE.

Jean-Marie-Cécile Valentin du Plantin, écuyer, lieutenant-général au bailliage de Bresse.
Hugues-Victor d'Ivolet, Sgr de la Roche et de Verfey, maréchal des camps et armées du roi.
Marie-Antoine de Moyria, Sgr du fief de Mespillat, chevalier des Saints Maurice et Lazare.
Louis-Philibert, comte de Bévy, Sgr de Marsonnas, maréchal des camps et armées du roi.
Cérice-François-Melchior, comte de Vogué, maréchal des camps et armées du roi, Sgr de Montiernos et de Feuillans.
François-Philibert de Loubac de Bohans, chevalier de Saint-Louis, commandant pour le roi de la ville de Bourg, Sgr de la baronie de Bohans, Hautecour.
Jean-François de Borsat, garde du corps du roi ;
Jacob-Marie de Borsat, son père, Sgr de la Perouze et de la Tour de Challes.
Jean-Baptiste Bouet, Sgr de Perex.
Jacques-Claude Rambaud, écuyer, Sgr de la Vernouze.
Nicolas de Billy, chevalier, Sgr de Loyse-sur-Menthon.
Gabriel-Marie de Leguat de Sillettes, chevalier.
Dame Marie Thiret du Rouvray, dame de Genost, relicte de messire Brice-Charles de Leguat, chevalier de Saint-Louis.
Balthazar Michon, chevalier, Sgr de la Tour de Priay.
Dame Françoise Dutreil, dame et baronne d'Attignat.
Louis-Anne-Claude Vincent, écuyer, Sgr de Margnolles.
Pierre-Louis Dervieu de Villieu, chevalier, baron de Loye, Sgr de Villieu, La Pie, Fetan, etc.

Marie-François-Ennemond de Tocquet de Mongeffon, chevalier, marquis de Meximieux, baron de Perouge, Sgr de Samans, ancien officier aux gardes françaises, lieutenant des maréchaux de France en Bresse et Bugey.
Guy-François-Balthazar de Tocquet de Mongeffon, chevalier, marquis de Meximieux, à cause de sa terre de Cefflat, en Bresse.
Jean-Baptiste-Honoré, comte de Malivert, lieutenant-colonel de dragons, chev. de Saint-Louis, Sgr de Trembley et de Pommier-sur-Treffort.
Claude Boulard de Gastellier, Sgr de la Croix-Rousse, Lapape et Rillieu.
Jean-Baptiste Daudé, chevalier, Sgr de Poussey.
Théodore-Philibert Arnoux, Sgr de Joux, chevalier de Saint-Louis, capitaine-commandant au régt d'infanterie de La Fère.
Marie-Roch Le Jouan, écuyer, Sgr de Noblens.
Marie-Philippe-Henry de Charbonnier, marquis de Cranjeac, Sgr de Marillac, Viriat et Flériat, chevalier de Saint-Louis, mestre de camp de cavalerie.
Jean-Baptiste-Joseph, marquis de Beaurepaire, baron de Chandé.
Charles-Emmanuel Borjon, chevalier, Sgr de Sullery, gouverneur pour le roi de la ville de Pontdevaux.
Auguste-Louis Bertin, chevalier, Sgr du duché de Pontdevaux.
Marie-Louis Chossat du Saugey, chevalier, Sgr du siége de Duiziat.
Jacques-Marie Chossat, chevalier, Sgr de Montburon.
Pierre-Louis, marquis de Groslier et de Tresfort, chevalier, Sgr du Pont-Dains, Taussiat et Cezeriat, chevalier de Saint-Louis.
Louis-Claude, comte de Lauras, chevalier, Sgr baron du Faix de Pomier et de Saint-Martin du Mont, chevalier de Saint-Louis, lieutenant des maréchaux de France à Bourg en Bresse.
Philibert-Charles-Marie de Feuillens, chevalier de justice, non profès de l'ordre de Malte, Sgr de Mépillat.
Joseph de Cardon, baron de Sandrans.
Agésilas-Joseph de Grossolles, Sgr de Flamarens, maréchal des camps et armées du roi, lieutenant-général au pays d'Aunis, comte de Bouligneux, en Bresse.
Mgr Camille-Louis-Apollinaire de Polignac, évêque de Meaux, premier aumônier de la reine, comte et Sgr de Banein, en Bresse.
François-Marie de Charbonnier, Sgr de la terre de Journans.
Pierre Verdat, Sgr du fief de Cazeau et Cordieu, ancien greffier en chef du parlement de Dombes.
François-Catherine de Marzon, baron de Belvey, capitaine commandant au régt d'Angoulême dragons.
Dame Marie-Claudine-Constance de Marzon, veuve de messire Charles-Claude, comte de Teyssonnière, mestre de camp de cavalerie.
Claude-Antoine, baron du Bruny, Sgr des Berruyères.
Florent-Alexandre-Melchior de la Baume d'Occors-d'Agoust de Verissey, comte de Montrevel, comte du Saint-Empire, maréchal des camps et armées du roi, chevalier de Saint-Louis, chevalier d'honneur au parlement de Besançon, Sgr du comté de Montrevel du marquisat de Saint-Martin, de la terre du Châtelet.
Dame Marie-Ferdinand-Agathange de Vaulory, marquise de Rully, dame de Servignat, veuve du marquis de Rully.

Pierre de Montherot de Beligneux, écuyer, Sgr de Beligneux, ancien conseiller au parlement de Dijon.
Jean-Baptiste-Charles Marimon, Sgr de Bouvent.
Joseph de la Balmondière, écuyer, Sgr de Sollier, chev. de Saint-Louis.
Joachim Ballan d'Arnans, Sgr de la vicomté d'Arnans et de la baronie de Montjouvent.
Guillaume-César, comte de Ferrary de Romans, chevalier, Sgr de Romans, le Bouchoux, Saint-Georges de Renom, lieutenant des provinces de Bresse, Bugey, Valromey et Gex.
Antoine Fay, chevalier, baron de Sathonay, Albonne et autres lieux, ancien prévôt des marchands et commandant pour le roi de la ville de Lyon.
Joseph-Marie-Joachim Boisson du Noyer aîné, Sgr de la Couz.
Jeanne-Marie Boyat, dame de Rignat, et Lent, veuve de messire Anne-Marie-Michel de la Charmondière, écuyer, Sgr de Rignat, anc. officier au régt de Bretagne.
Dame Marie-Humberte Boisson du Noyer, en qualité de co-propriétaire des fiefs d'Eguerandes et de Duiziat.
Louis-Benoît Boisson du Noyer, demeurant à Bourg.
Marie-Joachim Boisson du Noyer, cadet.
Marie-Joseph-François-Philibert de Favre de Longry.
Dame Marie-Joseph de Garron de la Bevière, relicte de messire Claude-Marie de Bachet, chevalier de Saint-Louis, Sgr de la Bevière.
Gérôme Andras, écuyer, Sgr de la baronie de Prost.
Antoine-Marie-Victor de Villette, fils.
Étienne-Joseph de Villette, père, Sgr de Chavagnat.
Georges-Henry Dumarché, capitaine au corps du génie.
François-René du Marché, chev. de St-Louis, Sgr de la Tour de Marboz.
Pierre-François-Aymon de Montépin, chevalier, Sgr de Montépin.
Paul-Louis Veyle de Romans, Sgr de Langes, Saint-Sulpice.
Alexandre-Marie-Élise Duport, comte de Loriol, Sgr de Loriol, de la baronnie de Monfalcon et de Lens.
Pierre-Laurent-Marie de Veyle, écuyer, Sgr de Lordre.
Louis-Gaspard de Seyturier.
Alexandre-César, comte de Seyturier, Sgr de Thioudet.
Claude-Marie Palluat de Jalamondes, chevalier, Sgr de la Sardière, ancien capitaine au corps des carabiniers, chevalier de Saint-Louis.
Antoine-Marie, comte de Saint-Germain d'Apchon, baron de Corgenon, chevalier des ordres du roi, lieut.-général de ses armées, gouverneur des ville, château et comté de Blaye, Sgr de Corgenon, en Bresse.
Antoine-Louis-Claude, marquis de Saint-Germain d'Apchon, Sgr comte de Saint-Trivier en Bresse, maréchal des camps et armées du roi, lieutenant-général de la province de Bourgogne, au bailliage de Mâconnais.
Étienne-Hyacinthe de Gayot, chevalier, comte de Châteauvieux.
Louis Le Viste, chevalier, comte de Montbrian, sénéchal de Dombes, Sgr du fief des Belouzes.
Marie-Agricol de Marron, baron de Belvey, chevalier de Saint-Louis, syndic honoraire de la noblesse de Bresse et de Dombes, Sgr des Blanchères.

Charles-Pierre Savallette, maître des requêtes honoraire, garde du Trésor royal, Sgr de Langes.

Jean-Baptiste de Montherot, chevalier de Saint-Louis, ancien prévôt général de Bourgogne, Sgr de Lauras, près Montluel.

Trocu de la Croze de Saint-Rambert, chevalier, officier d'infanterie, Sgr de la ville et marquisat de Saint-Rambert, Terre d'Argy, Oncieu, Evoges, Arrandas, Lenay, baron du bourg Saint-Christophe et Therment, en Bresse.

Georges-Marie Giraud, baron de Bombelles, chevalier, capitaine à la suite de la cavalerie, Sgr de Saint-Aubin, le Chanay, la Bevierre et la Fougère, en Bresse. —

Claude-Marie Frère, chevalier, Sgr de la Falconnière.

René-Augustin de Brosses, chevalier, baron de Montfalcon.

Marie des Rioux, comte de Messimy, Sgr d'Epey, en Bresse.

Marie-Joseph-Claude-François de Favre, chevalier, Sgr de Longry et du Colombier.

Philibert-Yolande, comte de Saint-Maurice, colonel de cavalerie, Sgr de Bouchat.

Marie-Joseph Fidein de Bachet, chevalier, Sgr de Franclieu.

Marie-Jean-Baptiste d'Escrivieux, Sgr d'Ecouades.

Joseph-Ignace Favier de Loize, chevalier, Sgr de Penessay.

Dame Marie-Magdeleine-Emilie d'Escrivieux de Chemillat, veuve de messire de la Surange, Sgresse de la Ruë.

Jean-Gaspard de Garron, baron de Chatenay et d'Harvet, Sgr de Corrobert et Corent, conseiller de la noblesse de Bresse et Dombes.

Jean-Philippe-Anne de la Croix de Laval, chevalier, Sgr de Nieuday, ancien chevalier d'honneur de la cour des monnaies de Lyon.

Henry-Jean de la Roche-Nully, ancien mousquetaire de la garde du roi, Sgr de Montcel et Vial, la Peyrouse et la Porte.

Jacques-Anselme Perruquet de Bévy, Sgr de Bosserel.

Bernard-Angélique de Froissard, chevalier, comte de Broissia-Velle, en Franche-Comté, baron de Pressiat, en Bresse, chevalier de Malte et de Saint-Louis, ancien officier au régt des gardes françaises.

André-Jean-Louis Dugas, chevalier, marquis de Dugas, Villars, Sgr de Berieux, La Pezela, Mépillat, La Forêt, Duplessis et autres lieux, ancien officier au régt des gardes françaises.

Claude-Jean-Baptiste de Garron de la Bevière, Sgr de Loges, la Chassagne, Brosse, chevalier de Saint-Louis, syndic général de la noblesse de Bresse.

Jean-Severin Gravier, Sgr de la Gelière et du Tiret, lieutenant des maréchaux de France.

Victor-Henri de Murat, Sgr de Chastelard.

Aimé-Olivier du Port, sieur de Rivoire.

Dominique Vouty, Sgr de Montsimont.

Barthélemy de Montholivet, chevalier, Sgr et baron de Gourdans.

Claude-Louis, chevalier Divoley, ancien chef de bataillon au régt d'Auvergne, chevalier de Saint-Louis.

Messire Passerat de la Chapelle, Sgr d'Espagny, ancien officier.

Claude-François-Marie Chossat, chevalier, officier au régt d'Auvergne.

Antoine-Marie de Leguat, chev. des Illettes, anc. capitaine de cavalerie.

Louis-Marie-Bernard du Breuil de Saconay, Sgr du Villar, officier au régt de la marine.
Étienne-Mathieu-Gaspard Fontaine.
Élisabeth-Thérèse Chevalier de Marcoussi, comtesse d'Esclignac.
Pierre-François Dubreuil, chevalier, Sieur de Sainte-Croix.
Jean-Claude de Rivérieux de Varax, Sgr du comté de Varax.
Louis-François de Barruel, écuyer, capitaine d'artillerie.
Étienne-Louis-Marie-Vincent de la Ruel, ancien gendarme du roi.
Jean-François-Gabriel Chossat, chevalier, co-Sgr de Saint-Sulpice, officier au régt de la Couronne.
Jean-Joseph-Henry, chevalier d'Aubarède, capitaine d'infanterie.
Antoine-Bernard-Constance de Marron, chevalier, Sgr de Meillonnas, Sauciat, la Tour de Neuville-sur-Ain, major de royal-dragons.
Anatole-François de Vialet, Sgr de Montagnat et de la Bertrandière.
Louis-Julien-Constant Le Roy de Lignière, chevalier de Saint-Louis, Sgr de la Tournelle et de Marmont.
Jean-Philibert-Alexis Gaillard, Sgr de Dananches et du Villard.
Antoine de Jacob de la Cottière, écuyer, Sgr de Chareysiat, capitaine d'infanterie au régt de Foix.
Alexandre-Joseph d'Andelin, Sgr du Tremblay, chevalier de Saint-Louis.
Charles-Joseph Chossat de Montessuy, Sgr de la Tour du Deau, ancien capitaine d'infanterie.
Claude-Louis Gaillard, Sieur de la Vernée et Malatra.
Claude-Marie-Thérèse Dutour-Vulliard, Sgr de Grand-Champ.
Henri Baudran de Pradel, officier de la marine royale.
Jean-André Gayon, chevalier de Saint-Louis, Sgr de Saint-Eloy.
Louis-Charles-Amédée, comte de Lucinge de Faucigny, né comte et marquis de Coligny, baron de Beaupont, Sgr desdits et Cuisiat, La Motte, Lucinges, chev. des SS. Maurice et Lazare, major de royal-Roussillon.
Joseph-Élie-Désiré Porruquet de Montrichard, officier d'artillerie.
Louis-Claude-Marc, marquis de la Poype, Sgr de Cornod et Montdidier, baron de Coursan.
Emmanuel-Marie-Joseph d'Eglans, *aliàs* de Glans, Sgr de Cessiat, chevalier de Saint-Louis, lieutenant-colonel de dragons.
Pierre-François Ruffin de Lozier, Sgr du Ponthet, chevalier.
Claude-Nicolas Porruquet de Livet, écuyer, anc. capitaine d'infanterie.
Marc-Madeleine Robin, écuyer.
Joseph-Nicolas d'Escrivieux, chevalier, Sgr de Chemillat, officier au régt de la marine.
Alexandre-Marie de Seyturier, officier au régt de Condé.
Marc-Antoine de Noyel, off. de dragons, Sgr du comté de Berens.

BUGEY ET VALROMEY.

Procès-verbal de l'Assemblée générale des trois ordres du bailliage de Belley.

16 et 17 mars 1789.

(*Archiv. imp.*, B. III., 30.)

NOBLESSE.

Louis-Honoré de Montillet de Grenaud, marquis de Rougemont, chevalier de Saint-Louis, mestre de camp des armées du roi, grand bailli d'épée du Bugey et Valromey.
Claude-Louis-Agnès Maurier de Pradon.
Marianne de Gemaud, veuve de messire Pierre-Antoine Robin, dame des terres de Merignerol et d'Apremont.
Antoine Chappe, Sgr de Bryon, Bussy, Gevreysiat et Saint-Germain de Beard.
Marie-François-Joseph de Regard de Perruquard, marquis de Baslon.
Le Sgr de Chanay.
La dame de Mussel.
Charles-Emmanuel de Crémeaux, marquis d'Entragues, Sgr de Chazey.
Dame de Loyette, Saint-Vulbas et Marcilleux.
Antoine Guynet de Montvert.
Louis Sauvage de Saint-Marc, Sgr des Marches et de Chastillonnet.
Le comte de Groslée.
Jérôme-François Gallien de la Chaux.
Alexis Dujas de Vareilles.
Marc de Migieu, sieur d'Izelet.
Paul-François, comte de Maillans.
Le Sgr du Bardouille et de la Chapelle.
François-Joseph de Reverdy de Montberard.
Jean-Marie Garin de la Morflans.
Jean-François Compagnon, Sgr de Leyment.
Le Sgr de Ruffieu et Prouilleux.
Jean-Charles, comte d'Angeville, Sgr du vicomté de Lompnes.
La dame de Champdos.
Jean-Marie d'Ervieux de Varey, Sgr dudit lieu.
Jean-Pierre-Louis des Bordes du Chastelet.
Victor-Henri de Murat de Létang, marquis de Montferrand et de Châteaugaillard.
Le Sgr de Montgrillat.
Marin de la Porte de Messigny.
Jacques, marquis de Clermont Mont-Saint-Jean, Sgr de Flaxieux.
Le baron d'Arlod.
Jean-Louis Dugast (alias marquis du Gas) de Bois Saint-Just.

Le Sgr de Dortans, Matafelon, le Planet, Montillet, Izenave, Samoignat et Granges.
Joseph Montanier de Bellemont.
François-Guillaume de Seissel de Cressieux.
François-Joseph de la Guette de Mornay, Sgr d'Heriat.
Louis-Archambault de Douglas, comte de Montréal.
François-Abel de Moyria, comte de Maillat.
Antoine-François Trocu de la Croze, chevalier d'Argis.
Le Sgr de Saint-Rambert, Argis, Tenay, Evoges, Oncieux et Arrandas.
Antoine-Charles de la Porte, Sgr d'Anglefort.
Gaspard-Hélène de Foieu des Vaures, Sgr de la Tour prévôtale d'Ambronay.
Marie-Antoine, comte de Moyria, Sgr de Nologuat.
Le Sgr de Billas.
Charles-Joseph, comte de Bouvens, Sgr de Châtilion en Michaille.
Le Sgr de Boulonniez ou Boulignieux.
Le Sgr des Échelles, co-Sgr du mandement de Saint-Germain d'Ambérieux.
Louis de Seissel, co-Sgr de Beauretour.
Le Sgr de Cressieux.
Le Sgr de la maison forte de Lommas.
Claude-Marie Passerat Duparc.
Le Sgr de Thoy, Peizieux et Longecombe.
Louis-Alphonse de Forcrans, Sgr de Croizelet.
Hyacinthe de Reydellet, Sgr de Chavagnat.
Le Sgr de Genissia.
Antoine-François-Marie, comte de Montfaucon, Sgr de Peyrieux.
Joseph, comte de Seissel, Sgr de Sothonod.
Anthelme Ferraz de Courtines, chevalier.
Anthelme d'Avrieux.
Le Sgr de Vouarle.
André Ferraz de Courtines.
Drujon de Beaulieu.
David-Roch de Quinson, baron de Poncin.
Jean de Falcoz, marquis d'Haraucourt, Sgr de Saint-André de Briord.
Joseph de Grosley de Doncin, Sgr de Viezeras.
Gaspard-Adrien Bonnet de Louvat de Champolon, Sgr de la Craz la Combe.
Claude-Anthelme Darlos (d'Arlos).
Étienne-Joseph de Louvat, chevalier de Champolon.
Le Sgr de Chatillon, Corneille, Montgriffond, la Verdataire, la Tour des Échelles, et Jujurieux.
La dame de Chenavel.
Jacques de Malivert, chevalier de Saint-Louis.
André de Mornieux, chevalier, Sgr de Grammont.

    Tous gentilshommes possédant fiefs ou non possédant fiefs, comparaissant dans l'ordre de la noblesse.

BAILLIAGE DE CHALON-SUR-SAONE.

Procès-verbal de l'Assemblée de la Noblesse du bailliage de Châlon-sur-Saône.

24 mars 1789.

(*Archiv. imp.*, B. III., 44. p. 109, 135.)

Jean-Louis Bernigaud, écuyer, Sgr de Granges, lieutenant général du bailliage et siége présidial de Châlon-sur-Saône.

Le procès-verbal mentionne l'appel de tous les gentilshommes, d'abord de ceux possédant fiefs et seigneuries non titrés, et ensuite des simples gentilshommes, mais sans en donner les noms. Nous n'avons pu relever dans le cours du procès-verbal que les noms de :

MM. le comte de Foudras ;
le marquis de Châteaurenaud ;

MM. Bertault Vitte;
Perruchot de la Bussière.

BAILLIAGE DE CHAROLLES.

Procès-verbal de l'Assemblée de la Noblesse du bailliage du Charollais, tenue à Charolles.

20 mars 1789.

(*Archiv. imp.*, B. III., 45. p. 109.)

Le comte de Montessus de Balore, président.
Le comte de Levis, baron de Lugny.
Le comte de Briançon (Brancion).
De Guillermin.
De la Baille, père.
Delglat du Plessis.
Le chevalier de Rochemont.
De Champvigny.
Mallard.
De Pezerat.
Le chevalier de Finance.
Touvent de Boyer.
Le chevalier des Raviers.
Ribailler l'aîné.
De la Baille, fils aîné.
Maublanc de Chiseuil.
Du Mouchet.
Quarré de Verneuil.
Mallard de Sermaise.
De Ribailler.
Maublanc de la Vesvre.
De la Baille.
De la Baille le cadet.
Pezerat le cadet.
Voirey de Marcilly.
Le vicomte de Saint-Micaud.
De Thésut d'Aumont.
De Finance.
Le comte de Busseuil.
De Leonardy.
Mallard de Sermaise.
Deveny d'Arbouse.
De Thésut de Gourdon.
Mayneaud de Lavaux, secrétaire.

BAILLIAGE DE CHATILLON-SUR-SEINE.

(LA MONTAGNE.)

Procès-verbal de l'ordre de la Noblesse du bailliage de Châtillon-sur-Seine.

18 mars 1789.

(*Archiv. imp.*, B. III., 69. p. 162-170.)

Bénigne-Charles Fevret de Saint-Memin, grand-bailli d'épée, baron de Couchey, Sgr de Fontette, Ternant, Semessange, Rolle, etc.
Chartraire de Montigny.
Edme Lebascle d'Argenteuil, chevalier, maréchal des camps et armées du roi, Sgr de Courcelles-les-Rangs.
S. A. S. le prince de Condé.
Pierre-Jean de Lascase, chevalier, marquis de Lascase, commandeur des ordres de Saint-Lazare de Jérusalem et de N.-D.-de-Mont-Carmel, colonel du régt d'infanterie de Languedoc, chevalier de Saint-Louis, baron de Gelas, Sgr de Mazière et le Perré, premier gentilhomme de la chambre de S. A. S. Mgr le duc de Penthièvre, et porteur de sa procuration.
Bernard-Joseph Thomassin, baron de Juilly, chev. de Saint-Louis, sous-lieut. des gardes du roi, colonel de cavalerie, gouverneur des ville et château de Nogent-le-Roi, Sgr de Villiers-le-Sec, Beuzé et Saint-Lanère.
Claude-Etienne de Marivetz, baron de Marivetz, chevalier, Sgr de Rouelle et de Charmois.
Le baron de la Coste, chevalier, Sgr et baron de Rochetaillée.
Charles-Antoine-Marguerite, marquis de Massol de Rebetz, chevalier, Sgr de Montmoyen, Hierces, Grandbois, etc.
Guy-Bernard Baudouin de Chaumoux, écuyer, ancien premier lieutenant au régt Dauphin-infanterie.
Le marquis de la Cousse de l'Estrade, Sgr de Boux et de Bouzot.
La marquise de Sommièvre et ses enfants, Sgr d'Ampilly-le-Sec.
Hermand-François-Guy-Joseph de Ligny, écuyer, garde du corps du roi, capit. de cavalerie.
Jannon, Sgr de Benœuvre.
Mairetet de Malmont.
Nicolas-Edme Viesse de Marmont, écuyer, chev. de Saint-Louis, ancien capitaine au régt de Hainault-infanterie, Sgr de Sainte-Colombe et du Moulin-Rouge.
Piétrequin père et fils.
Jules-Pierre de Cette de Réveillon, ancien officier au régt des gardes françaises.
De Bellombre.
Le marquis de Sauvebœuf.

Charles-Abraham Millet, chevalier, Sgr de Guye, ancien officier au régt d'infanterie de la Reine.
Viard de Chalvoisson, frères.
Jean-Gaspard Morel, écuyer, conseiller du roi en ses conseils, avocat général honoraire en la cour des Comptes de Bourgogne et Bresse.
Hector-Joseph-Elisabeth Morel, écuyer, fils du précédent.
Mme de Salins de Marcilly.
De Ligny, Sgr de Wint.
François-Corneille-Honoré, chevalier de Ligny, capit. au régt Dauphin-infanterie.
Le marquis de Sennevoy, maréchal des camps et armées du roi.
Le comte de Thésut, Sgr de Verrey.
François-Antoine, marquis de Saint-Belin, chev., ancien off. d'infant.
Charles-Guy de Guenichon de Duesme, capit. au régt Royal-Cravatte, cavalerie.
De Guenichon père, Sgr de Quemigny.
Louis de Thomassin, chev. de Montbel, ancien brigadier des gardes du corps du roi, chev. de Saint-Louis.
Le marquis de Capysuchy de Bologne.
Mlle de Roy de la Grange.
Charles Richard de Vesvrotte, chevalier, conseiller du roi en ses conseils, président à la chambre des comptes de Bourgogne et Bresse.
Le chevalier Duval d'Essertennes.
Cottin de Villotte.
Claude Rougeot de Merissy, écuyer, chev. de Saint-Louis, capitaine au 4° régt de l'état-major.
Le comte Duban de la Feuillée.
Alexandre Jouart, Sgr de Gissey.
Le marquis de Mandat.
Claude Cadot, écuyer.
De Gurgy, Sgr de Manvilly.
Perrin de Neuilly.
Pierre-Jacques de Faucery, chevalier, Sgr de la Fosse, chev. de Saint-Louis, ancien brigadier des gardes du corps du roi.
Le chevalier Le Bascle d'Argenteuil.
Debruère de Rocheprise, conseiller au parlement de Bourgogne.
François-Daniel Guénebaut de Darbois, écuyer.
De Savoisy.
De Bruère de Vaurois.
Claude Morel de Villers, écuyer, Sgr de Vauvey, Villers.
De Ligny, capitaine de chasseurs.
Ebaudy de Fresne, Sgr de Bricon.
Guy de Cadouche, écuyer.
Pierre de Cadouche, écuyer.
Erard-Louis-Guy, comte de Chatenay-Lanty, Sgr d'Essarois, mestre de camp de dragons, chev. de Saint-Louis.
Le comte de Vichy.
Le marquis de Compiègne.
Guy de Chatenay, comte de Romprey, Sgr d'Echallot, etc., chev. de Saint-Louis.

De Blic.
De Girval.
Jean-Philibert, chevalier de Fresne, chev. de Saint-Louis, ancien lieut. des vaisseaux du roi.
Mlle de Saint-Phal.
La marquise de Clugny de Tennissey.
François-Gabriel Vitier, écuyer, ancien officier au régt. de Comines.
Claude-Antoine Vitier, écuyer.
François, baron de Fresne, chev. de Saint-Louis, ancien capitaine au régt de Navarre-infanterie.
Le vicomte de Chastenay.
De Baudry.
Denis-Joseph, chevalier du Potet de Charmois.
Germain d'Huillier d'Agencourt, chevalier.
Louis-Marie Giredy de Saliers, *aliàs* Siredey des Sallières, écuyer, ancien officier des troupes de l'Inde.

BAILLIAGE DE DIJON.

Procès-verbal de l'Assemblée des trois ordres du bailliage de Dijon.

28 mars 1789.

(*Archiv. imp.*, B. III., 59. p. 479, 612-664.)

NOBLESSE.

Philippe-Antoine-Gabriel-Victor de la Tour du Pin de Gouvernet, commandant en chef en Bourgogne, Sgr de Fouvens-la-Ville.
Antoine Fremy, Sgr d'Argillières.
Bénigne Quillardet, écuyer, Sgr d'Avot.
Louis-Henri, comte de Vienne.
Mgr Louis-Joseph de Bourbon, prince de Condé, gouverneur des provinces de Bourgogne et Bresse, Sgr du fief de la Colombière.
Charles-Casimir de Saulx, duc de Saulx-Tavannes, Sgr de Beaumont, etc., marquis d'Arc sur Tille.
Antoine-Nicolas-Philippe-Tanneguy-Gaspard Le Compasseur Créqui de Montfort, marquis de Courtivron, et de la terre d'Avot.
Guillaume, comte de Thézu, Sgr de Norges.
Anne-Charles-Sigismond de Montmorency-Luxembourg, duc de Luxembourg, Sgr de Cressey et Foncegrive.
Jean-Claude Bernard de Saint-Aubin, écuyer.
Antoine Esmonin de Dampierre, Sgr d'Aubigny et de Magny.
Marie-Benigne-Ferréol-Xavier Chiflet d'Orchans, Sgr des Barres.
Ferdinand-Denis, comte de Crécy, Sgr de Chavannes.
Jean-François-Marie Petit, baron de Meurville, Sgr de Norges-le-Pont.

Etienne Le Belin, écuyer, chevalier de Saint-Louis.
Pierre-René-Marie Gonthier, comte d'Auvillars, Sgr d'Auvillars et de Glanon.
Antoine Gallet de Pluvault, Sgr des terres de Soirans et Fouffrans.
Thérèse-Narcisse, comtesse de Poli, dame du marquisat de Chaussin.
Jean-Marie Bouhier de Bernardon, Sgr d'Angoulevant.
Cérice-François-Melchior, comte de Vogué, Sgr de Chevigny.
Bénigne Bouhier, Sgr de Lantenay, Paques, Pouilly, Fontaine et Ruffey.
Claude Hocquart, écuyer, Sgr de Pressigny, ancien capit. commandant au régt d'Orléans, chev. de Saint-Louis.
Jean-Louis Malteste, écuyer, Sgr de Quétigny et Villey-sur-Tille.
Louis Fardel de Daix, président aux requêtes du parlement de Dijon, Sgr de Daix.
Jean-Baptiste Gagne, écuyer, Sgr de Pouilly.
Vivant-Mathieu-Léonard-Raphaël Villedieu de Torcy, Sgr d'Aizeray, Belleneuve et Lamotte.
Charles-François Verchère d'Arcelot, chev. de Saint-Louis, ancien capitaine d'infanterie.
André Cronembourg, écuyer, Sgr de Vougeot.
Antoine-Louis de Verchère, Sgr d'Arcelot, Arceau, Fouchanges et Magni Saint-Médard, président à mortier au parlement de Dijon.
Nicolas Jannon, président à mortier au parlement de Dijon.
Joseph-Delphine-Hyacinthe de Conigham, capit. au régt de Bourbon-infanterie.
Pierre Verchère d'Arcelot, chevalier, ancien major de cavalerie.
François-Camille-Elisabeth, baron de Drée, capit. des vaisseaux du roi.
Charles-André-Hector Grossard de Virly, président de la chambre des comptes de Bourgogne.
Jacques Cottin de Joncy, conseiller au parlement de Dijon.
Odette Rigoley de Juvigny, dame de Chevigny, Saint-Sauveur et de Corcelles en Montvaux.
Claude de la Troche, maître en la chambre des comptes de Bourgogne et Bresse.
Guillaume de la Troche, écuyer.
Barthélemy Cortois, écuyer, Sgr de Quincey et Pressigny.
Louis-Arnoult Le Seure de Mussey, écuyer.
Joseph-Etienne Bernard de Sassenay, chevalier de Malte non profès, capitaine au régt de Colonel-général infanterie, Sgr de la Chaume et de Beire.
Jean-Baptiste-François Champion de Beauregard, capitaine au régt de Guienne.
Charles Richard de Vesvrotte, président à la chambre des comptes de Bourgogne et Bresse.
Ferdinande-Henriette-Gabrielle, marquise de Brun et dame de la Marche et la Marchotte.
Marie-Jacques-Charles-Gustave Richard de Bligny, Sgr de Bligny.
Charles Richard de Montaugé, Sgr de Savigny-sous-Beaune.
Bénigne-Charles Fevret de Saint-Memin, grand bailli d'épée de Châtillon-sur-Seine, Sgr de Couchey, Semessange, etc.

Jean Poulletier de Suzenet, Sgr d'Essigey, Billey et Villers.
François Jobard Dumesnil, ancien gendarme de la garde, Sgr des fiefs du Mesnil et d'Igornay.
Jean-Baptiste-Bénigne-Alexis Charpy de Jugny, conseiller au parlement de Dijon, Sgr de Saint-Usage, etc.
Joseph-Louis-Bernard, comte de Clairon d'Haussonville, Sgr de Villy-le-Moutier.
François-Toussaint-Xavier David de la Martinière, chevalier, off. au régt de Navarre.
Pierre-François Gauthier, Sgr d'Ancize et de Taniot, conseiller au parlement de Dijon.
Claude Fyot, marquis de Mimeure, Sgr de Genlis et de Uchey.
Patrice, comte de Wal, lieutenant général des armées du roi, Sgr de Crugey, Bouhey et Sainte-Sabine.
François-Jacques, marquis de Damas, Sgr d'Antigny.
Hubert-Toussaint-Joseph Barbier de Reuille, Sgr de Reuille, président à la chambre des comptes.
Pierre-Bernard Ranfer de Bretenière, Sgr de Bretenière et de Montceau.
Claude-Marie de Pize de Reuille, dame d'Entre-Deux-Monts, Concœur et Corboin.
Edme Cantain, écuyer.
Joseph-Benigne L'Allemant de Villiers, écuyer.
Marie-Joseph-François, comte Drée, Sgr en partie de Fays-Billot.
Jean-Jérôme Canablin de Lantilière, écuyer.
Etienne de Bouillet, écuyer.
Damien de Grenaud, écuyer, Sgr de la Combe-Langardière.
Jean Perard, Sgr de Saint-Julien, Brognon, Clenay et Norges-le-Pont.
Jean-Chrétien de Macheco, Sgr de Corgengoux, Parruet, Mazerotte et Grosbois.
Jean-Baptiste-Anne-Geneviève Ganiare, Sgr de Jours-en-Vaux et Baissey.
Charles-Henry-Gaspard-André, marquis de Massol, Sgr de Collonges.
Joseph Tardy, écuyer.
Michel Tardy, écuyer.
Antoine Cortois de Charnaille, maréchal des camps et armées du roi, Sgr de Quincey.
Jean Lemulier de Bressey, Sgr de Bressey.
Claude-Marie Bouhier, veuve de M. Philibert-André Fleutelot de Marlien, dame de Marlien, Varanges et Champefroi.
Bernard-Dominique Courtot de Cissey, écuyer, chev. de Saint-Louis, lieut.-colonel, commandant du bataillon de garnison du maréchal de Turenne, Sgr de Bouillant.
Anne Seguenot, veuve de M. Nicolas Destany, dame de Chambœuf.
François-Elisabeth Chauvelot, Sgr de Corberon.
Jean Fyot de la Marche, marquis de la Marche, comte de Dracy, Sgr de Neuilly et Drambon.
Charles Thomas de la Vèvre, écuyer.
Gérard Catin de Richemont, écuyer.
Marc-Antoine-Claude de Pradier, marquis d'Agrain, Sgr du Pasquier et de Puligny.

Claude-Charles de Brosses, comte de Tournay, Sgr de Bassin.
René-Augustin de Brosses, Sgr de Magny-sur-Tille.
Jean-Baptiste-Antide Fevret de Fontette, écuyer.
Pierre Fitz-Jean, baron de Talmay, Sgr de Bas-Fossé.
Chrétien-Gaspard de Macheco, Sgr de Premeaux.
Guy-Hughes de Macheco, capitaine au régt de Condé-dragons.
Jean-Jacques, marquis de Gallet et de Montdragon, Sgr de Pluvaut et de Villers-les-Pots.
Henriette-Louise-Madeleine du Tillet, marquise de Montoison, veuve de Louis-Claude de Clermont-Montoison, en qualité de tutrice d'Anne-Claude de Clermont, Sgr de Serrigny.
Nicolas-Philippe Berbis, marquis de Longecourt.
Marie-Claude-Bernarde de Froment, veuve de Jacques-Hugues Michel d'Attricourt, dame en partie de Fays-Billot.
Marie-Aimée Berbis, veuve de Philippe Bereur, Sgr Malan.
Marie Bezens, comtesse de Marsans, dame des Barres.
Augustin Martin de la Motte, Sgr d'Oizilly, écuyer.
Louis de la Loge, écuyer.
Geneviève-Antoinette Le Verrier de Plancey, relicte de Pierre, comte de Berbis, dame d'Emailly.
Henri Gaut, écuyer.
Nicolas-Eugène Arminot du Châtelet, écuyer.
Louis-Charles Petit, écuyer.
Jean-Baptiste Loppin d'Azincourt, écuyer.
Antoine-Bernard Vautrin, écuyer.
Gérard-François-Henri Parigot, écuyer, Sgr de Santenay.
Etienne David de Beaufort, Sgr du fief de la Motte-Valentin.
Charles Viennot de Vaublanc, Sgr de Mimande, maréchal des camps et armées du roi.
Jean-Severin-François Gravier de Chamandrey, capit. au régt de chasseurs de Hainault.
Louis Moussier, écuyer, Sgr d'Athées, Magny, Vornes, le Poisset et les Hayes.
Pierre Routy, écuyer, Sgr de Charodon.
Jacques Courtot de Martenot, écuyer.
Casimir Fyot de Mimeure, conseiller au parlement.
Philippe Gontier, chevalier d'Auvillars, écuyer.
Jean-Severin Gravier de la Gellière, écuyer.
Louis-François de la Martine, Sgr d'Ursy, de Montculot, Charmoy, Poisot et Quemigny.
Anne-Philippe de Ganay, comte et Sgr de Lusigny.
Edme Guillemier, écuyer, Sgr de Féraude, colonel de cavalerie.
Jeanne-Agathe Chapeau, veuve de Philibert-Bernard Brunet, Sgr de la Borde au Bureau.
Louis-Fortuné Quarré d'Aligny, écuyer.
Nicolas, marquis de Richard d'Ivry, écuyer, capitaine de cavalerie.
Henri-Camille-Sophie Bataille de Mandelot, chevalier, premier chef d'escadron du régt d'Artois, Sgr de Mandelot; et
Françoise-Etienne de Damas, sa mère, veuve en seconde noce de Louis-Claude de Clermont Montoison, brig. des arm. du roi, dame de Bouze.

Claude-Joseph-Jean Courtot, écuyer.
Gérard Brunet, écuyer, Sgr de Monthelie et Marjollet.
Joseph-Charles Courtot de Cissey, écuyer.
Bernard Loppin du Chatelain, écuyer, co-Sgr de la Motte-Martenot.
Anne-Jeanne-Baptiste-Lazare Loppin, veuve de M. Antoine Loppin du Champ.
Jean-Baptiste-Joseph Bailliat, écuyer.
Nicolas-Jean-Baptiste Bailliat de Broindon, Sgr de Broindon.
Hugues-Bénigne de la Folye de Joux, écuyer, chevalier de Saint-Louis.
Jacques-Gabriel Lorenchet, écuyer, co-Sgr de Bligny et Curtil.
Claude-Philibert de Marey, écuyer.
Claude-François Boucheron, écuyer.
Joseph-Henri-Noël Blancheton, comte de la Rochepot.
Jeanne-Louise-Théodule Gagniard, relicte de Jean-Baptiste-François Blancheton, comte de la Rochepot, dame de Meursault.
Guillaume-Alexandre de Guillermin, Sgr de Saint-Romain.
Vivant-Etienne Grozelier, écuyer.
Henri-Jules comte de Berbis, Sgr de Corcelles-les-Ars.
Jean-Baptiste Audra, écuyer.
Jean-Baptiste-Marie-Thérèse Gillet de Thorey, écuyer.
Pierre-Anne-Jean Gillet de Gramont, écuyer, ancien capitaine au régt royal Roussillon-infanterie.
Frédéric-Henri Richard, président à mortier au parlement de Dijon, Sgr du fief de Trouhans, situé à Fixey, et de Ruffey.
Jean-Baptiste du Tillet, marquis de la Bussière, Sgr de Serrigny.
Galiot-Jean-Marie Mandat, Sgr de Marey et Vernoir.

31 mars 1789.

Joseph Basset, marquis de Montchal, maréchal des camps et armées du roi.
Madeleine-Louise-Charlotte-Auguste de la Tour du Pin, veuve de François-David Bollioud, écuyer, Sgr de Fontaine-Française.
Hubert-Toussaint Guyard de Changey, chevalier de Saint-Louis, mestre de camp de cavalerie, commandant du château de Dijon, Sgr d'Echevronne, Changey, Fussey et Grandmont.
Antoine de Villers de la Faye, mestre de camp de dragons, Sgr de Villers de la Faye, et Magny.
Antoine-François-Eléonore-Angélique, marquis de Jacquot d'Andelarre, chef d'escadron au régt de Noailles dragons, Sgr du quart du fief de Torrenay, ou Tournay.
Louis-César Labbey de Sauvigney, aide maréchal général des logis de l'armée, Sgr en partie de Fays-le-Billot.
Dame Claude Cotheret, relicte d'Antoine-Bénigne Lami de Samerey, dame de Flagey.
Charles Perreney de Baleure, ancien mousquetaire de la garde du roi, Sgr de Tailly et Ebatty.
Jacques-Henri-Philibert Blancheton, vicomte de la Rochepot, Sgr de Morteuil et Baleure.

Hubert Léauté, écuyer, demeurant à Reneve.
Jacqueline Michel, veuve de Jean-Baptiste de Chanteau, Sgr d'Atricourt, dame du quart du fief de Nuits.
Laurent Royer, écuyer, demeurant à Pontailler.
Firmin Royer, écuyer, demeurant à Pontailler.
François-Bénigne de Cœurderoi, écuyer.
Claude-Aimé de Berlin, officier au régt de Navarre, écuyer.
François-Jean-Baptiste Clopin, Sgr de Bessey.
François-Alexandre Suremain, écuyer.
Jean-François Pasquier de Messange, écuyer, Sgr de Villars et Messange.
Guillaume-Bernard Perenney de Charrey, Sgr dudit lieu.
Bénigne-Alexandre-Victor-Barthélemy de Legouz de Saint-Seine, écuyer.
Bénigne Le Gouz de Saint-Seine, père, chevalier, Sgr de Saint-Seine et Vantoux.
Jean-François-César de Valloux, chevalier de Saint-Louis, Sgr en partie d'Orain.
Jean-Baptiste-Claude, marquis de Richard d'Ivry, lieutenant des maréchaux de France, Sgr d'Ivry, Corabeuf et Corcelles sous Rouvray.
Nicolas Perrin, écuyer, demeurant à Dijon.
Antoine Perrin, fils, écuyer.
Pierre-Louis Martenne, écuyer.
Charles Desormes du Plessis, écuyer, Sgr d'Agencourt.
Jean-Baptiste-Bernard Desormes du Plessis, écuyer.
Edme Genot, écuyer, officier au régt de Rohan.
Alexandre Bouguet, Sgr de Franxault.
François-André Jobert de Chambertin, chevalier de Saint-Louis, ancien capitaine de cavalerie.
Bénigne-Alexis Jobert de Chambertin, ancien gendarme de la garde, écuyer.
Hugues-Alexandre Suremain, Sgr de Flamerans.
Dame Elisabeth Butard des Montots, relicte et usufruitière de M. François Pelletier de Cléry, conseiller au parlement, dame de Morey, Chambolle et Cléry.
Louis-Arnould Le Seure de Mussey.
Dame Marie-Constance, comtesse de Moyria, dame de Reulle.
Nicolas Durand Dumex, Sgr de Dienay.
Dame Perreney d'Athezan, mère, relicte de Jacques Durand Dumex, écuyer, Sgr dudit lieu.
Jacques-André de Bretagne, Sgr d'Is-sur-Tille.
Alexandre de Mairetet de Malmont, Sgr du fief de Champigny.
Claude Brondeault, président en la chambre des comptes, Sgr de Lhée.
Jean Surget puiné, maître en la chambre des comptes, écuyer.
César-Antoine Pelletier, écuyer.
Hugues-Claude Suremain.
Jean-Baptiste-Claude Suremain de Flamerans, père, Sgr d'Arcey.
Nicolas Richard d'Ivry, fils, capitaine de cavalerie.
Claude-Marie-Philippe Perrault de Montrevaut Sgr de Masse.
Jean-Claude Courtot, écuyer, à Beaune.
Jean-Joseph de la Borde, Sgr dudit lieu.

Edme-Augustin Frecot de Saint-Edme, conseiller du roi, était lieutenant général au bailliage de Dijon.

BAILLIAGE DE GEX.

Procès-verbal de l'Assemblée générale des trois ordres du bailliage de Gex.

16 mars 1789.

(*Archiv. imp.*, B. III., 67. p. 34, 41.)

NOBLESSE.

Pierre, comte de La Forest, chevalier, Sgr de Vesancy, Petigny, Haut-Sergi et autres lieux, grand bailli d'épée du pays de Gex.

Le marquis de Florian.
Le chevalier de Fabry.
Le chevalier Pictet de Sergy.
André Rous.
Le marquis de Lullin de Château-vieux.
Le chevalier Dupuis.
Isaac de Pelissary.
Sedillot, puîné, chevalier.
La marquise de Billiac.
Le chevalier Fabry, de Gex.
Perrault de Butel.
Le chev. de Prez de Vaux.
De la Motte.
Le marquis de Billiac.
Mme de Menthon.
Dufour.
Perrault de Jouttens.
Sauvage.
Deprez de Bruel.

Joseph de Grenaud.
Fabry fils, de Gex.
Mme Garon de la Bévière.
Le chevalier de Scissel.
Mme de Cressieux.
Le comte de La Forêt de Divonne.
De Prez, l'aîné.
De Prez de Crassier.
Le chevalier de Prez.
De Martines.
Le chevalier d'Avrieux.
Sedillot l'aîné.
Le comte Pictet.
Perrault l'aîné.
Le comte Gallatin.
Le chevalier Michely du Crest.
Le chevalier de Michely.
Le chevalier de Gallatin.
Le baron de Viney.
De Candolle.

BAILLIAGE DE MACON.

Procès-verbal de l'Assemblée générale des trois ordres du bailliage de Mâcon.

16-30 mars 1789.

(*Archiv. imp.*, B. III., 77. p. 105-156.)

NOBLESSE.

Pierre-Antoine-Salomon Desbois, grand bailli d'épée du Mâconnais capitaine du château de Macon, Sgr de Choizeau, la Cailloterie et autres places.

Banlieue de Mâcon.

Florent-Alexandre-Melchior de la Beaume, comte de Montrevel, baron de Lugny, comte de Cruzilhes.
Marie-Etienne-Charles-Louis, comte de la Rodde, Sgr de Comon et Liciat.
Pierre-Anne Chesnard de Layé.
De Saint-Point, Sgr dudit lieu, de Château-Tiers, Matour, La Bussière, etc.
Jean-Marie-Eustache-Alexandre, comte de Scorailles, Sgr de Flacé.
De Senozan Saint-Martin et La Salle.
François-Charles-Marie Perrié de Marigny.
De Saint-Maurice (absent).
Le baron de Conelles (absent).
De Saint-Romain du Breuil (absent).
François-Charles-Albert de la Bletonnière, Sgr de Salornay, Chevagny, Satonnay et Epierre.
Claude-Philibert-Marie Bomarel de Senecey de Chatenay, Sgr dudit lieu et des Ecuyers.
Jean-Etienne-Claude Bernard, chevalier, Sgr de Senecé.
De Saint-Romain-sur-Saône (absent).

Châtellenie de Davayé.

Pierre-Anne Chesnard de Layé, Sgr de Fuissé.
Jean-Baptiste-Marie Desvignes de Davayé, chevalier, Sgr dudit lieu.
Marc-Antoine Patissier de la Forestille, ancien capitaine d'infanterie.
Dame Françoise Bellou, veuve de M. Jacques Raton, secrétaire du roi, dame de Saint-Léger.
Claude-Antoine Laborier père, écuyer.

Châtellenie de Chasnes et Crèches.

Pierre-Elisabeth Chesnard de Layé, baron de Vinzelle.
Louis Charrier de la Roche, Sgr de Cresches, Chasnes et dépendances, prévot, curé d'Esnai de Lyon.
Jean-Baptiste Michon, de Pierreclos.
Jean-Marie Cellard, Sgr de Prusilly et Chasselas.
Etienne-Marie Cellard de Chasselas, fils.
Pierre-Anne Chesnard de Layé, Sgr de la Tour de Romanèche.
Philibert-Joseph de Thy, Sgr de Toiriat.
De Varennes (absent).
Claude-Philibert Bernard de la Vernette, Sgr dudit lieu, Saint-Maurice, la Rochette, Saint-Martin du Tartre, Saules la Serrée et Germoles.
Jacques-Antonin Bernard de la Vernette, Sgr de Villars et Cloudeau.
Antoine-Marie-Augustin Palesse, Sgr de Chaintré.

Châtellenie de Nérizet.

Lavaux de Grenot (absent).
Marc-Antoine Patissier de la Forestille, pour son fief de Vaux-Verré.
Philibert-Etienne Barthelot d'Ozenay, Sgr dudit lieu et de Gratay.
Claude Barthelot de Rambuteau.
De Sagelé (absent).
Georges-Marie Giraud, Sgr de Montbelet, Malfontaine et Lys.
Pierre-Anne Chesnard de Layé.
François-Charles-Marie Perrin, Sgr de Magny.
Pierre-Salomon-Antoine Desbois, Sgr de Choizeau, la Cailloterie et Chabottes.
De Moyria (absent).
Du Biolay (absent).
Amable-Charles de la Guiche, Sgr dudit lieu, et de la baronie du Rousset.
Le comte de Scorailles.
Deffondrès (absent).
Despréaux (absent).
De Curtil Milly (absent).
De Sirot (absent).

Châtellenie du Bois-Sainte-Marie.

Dame Magdeleine-Angélique de Gassion, comtesse palatine de Dye, dame de Veaux de Chiseul.
Emmanuel-Aimé-Marie Chesnard de Montrouge.
De la Clayette (absent).
De Gorze.
Jacques-Antoine Bernard de la Vernette, Sgr de Villars.
D'Amanzé (absent).
De Chaneron (absent).
De l'Etoile (absent).
Du Petit Bois (absent).

De Voize (absent).
Jacques-Antoine Bernard, Sgr de Villars.
De Montrevaux (absent).
Mathieu-Claude, comte de Damas, Sgr d'Audour, Tramaye, Dompierre, Lamothe.
Barthelot de Rambuteau.
De Lestang.
De Chavanne.
Antoine-Louis de Prisque de Besanceuil.
Claude-Barthélemy-Joseph, baron de Brosse, Sgr de Chavanne.
De Somiaize (absent).
Pierre-Emmanuel Dumirat, Sgr de Crary, du Côté, Gibles, Colombier, partie de Saint-Jean d'Ozolles.
De Chassigny et La Garde Malzac (absent).
De Vaux-Saint-Louis (absent).
Claude-Marie-René-François Thibaud de la Roche-Tulon, Sgr de Terreau, La Roche, le Mont de France.
Le baron d'Emirard, *aliàs* des Miards.
Claude de Rambuteau et Chassagne.
Pierre-Louis de Bridet, chevalier, baron d'Esmiard, Sgr dudit lieu, Burnanceaux et Montillet.
Ducros (absent).
Ducerf (absent).
De la Fage (absent).
Du Bief (absent).
Gilbert, marquis de Drée, Sgr dudit lieu, Bosdemont, Vareilles, Saint-Laurent, Mussy, le Bois, Sainte-Marie et la Matrouille.

Châtellenie de Châteauneuf.

Jacques-Anne-Joseph Le Prêtre, comte de Vauban.
Antoine-Philibert Chapuy.
Etienne, comte de Drée, Sgr de Châteauneuf-le-Blanchet, Vertpré et Moulin.
De Chauffailles (absent).
Du Palais (absent).
De Molan (absent).
De la Tannière (absent).
De Ragny.
De Bernage (absent).
De Rozé (absent).
Dame Marie-Catherine-Françoise Charbonnier de Crangeac, dame de Saint-Christophe.
Chesnard de Layé.
De Fougères (absent).
De la Guillermière (absent).

Châtellenie de Marigny.

De la Brosse (absent).
De la Platière (absent).

Châtellenie de Prissey.

Jean-Baptiste Michon, Sgr de Pierre-Claux et Berzé-le-Chatel.
Charles-Etienne de Noblet, marquis d'Anglure, Sgr d'Esserteaux, Serrière, Anglure, Massy, Montchanin, et engagiste de la chatellenie de Vergisson.
De Pierre Claux, Sgr de Massy.
Pierre de Montherot, Sgr d'Hurigny.
De Givry.
De Mirabeau (absent).

Châtellenie d'Igé et Domange.

De la Bruyère (absent).
Devaux sur Aynes.
Desgranges (absent).
De Montigny (absent).
Louis-François de la Martine, père.

Châtellenie de Saint-Gengoux.

De Saint-Gengoux (absent).
De Sercy (absent).
De Givry (absent).
De Savigny.
Florent-Alexandre-Melchior de la Beaume, comte de Montrevel et du Saint-Empire.
De Messey.
De Saint-Huruges (absent).
De la Serre.
De Saint-Marcelin (absent).
Jean-Elisabeth Barthelot de Bellefond, Sgr de Moizeaux.
Antoine Le Prêtre, chevalier de Bordes, capitaine au régt des chasseurs bretons.
Descoles (absent).
De la Chapelle de Bragny.
Philippe de Bridet des Miards.
Descamps (absent).
De Moroges (absent).
De Thézut (absent).
De la Rochette et Saint-Maurice.
De Bissy et Fley (absent).
De Marcilly (absent).
De Genouilly (absent).
De Cussigny (absent).
Ducret de Montigny (absent).

Prévôté de Saint-André-le-Désert.

De la Guiche.
Du Ronnet.

De Chigy.
De Valrot (absent).
De Connatin et d'Amugny (absent).
Antoine-Louis de Prisque, chevalier, Sgr de Bezanceuil et Angoin.
De Peronne (absent).
Du Petit Bussy (absent).
De Sailly (absent).
De Salornay-sur-Guye (absent).
De Massy-sous-la-Vineuse (absent).
Deshotel, ou Deshautels (absent).
De Pommier.
D^{lle} de Simon de Rafin de Sermaize, dame en partie de Pommier.
De la Mothe.
De Beugre (absent).
De Chassignoles et Aynard (absents).
François Peltrat de Bordes.
Louis-Gérard Peltrat de Bordes, fils aîné.

Qui sont les noms de tous les fiefs, ou possesseurs de fiefs, appelés et portés au rôle.

Edme-Jean-Nicolas Serié, écuyer, en son nom et pour :
Christophe Perrin de Daron, Sgr de Joux et du Vigneau.
François, chevalier de Franclieu, Sgr dudit lieu.
Louis-Etienne de Prisque, chevalier, ancien major de dragons, chev. de Saint-Louis.
Claude-Marie de Franc de la Salle.
Marc-Antoine de Franc de la Salle.
François-Philibert de la Balmondière.
Jacques-Constance de la Balmondière.
Joseph de la Balmondière, chev. de Saint-Louis.
Emmanuel-Aimé-Marie Chesnard de Montrouge.
François-Louis de la Martine, fils aîné.
Pierre de la Martine, capitaine de cavalerie.
Gilbert Brunot Cannat, Sgr de Corcelles.
Louis-Gérard Peltrat, chevalier de Bordes.
Claude-Antoine Laborier, père.
Philibert Laborier, fils.
Claude Chevalier, Sgr de Montrouan.
Le marquis d'Anglure.
Abel-Michel Chesnard de Layé, chev. de Saint-Louis.
Salomon Duvernay.
André Patissier de la Presle, chev. de Saint-Louis, capitaine au régt de Vintimille.
Marc-Antoine Patissier de la Forestille.
Antoine-Philibert Chapuy, puîné.
Jean-Marie Cellard de Pruzilly.
Etienne-Marie Cellard de Chasselas.

PRINCIPAUTÉ DE DOMBES.

Procès-verbal de l'Assemblée générale des trois ordres de la sénéchaussée de Dombes, tenue à Trévoux.

23 mars 1789.

(*Archiv. imp.*, B. III., 151. p. 47, 63-75.)

NOBLESSE.

Louis Leviste de Briandas, chevalier, comte de Montbriant, Sgr de Briandas, Challenis, Ouroux, Montdemagne, la Pleigne, les Belouses et autres lieux, ancien capitaine au régt de Boulonnais, ancien chevalier d'honneur au parlement, grand sénéchal de la principauté de Dombes, président.

Châtellenie de Trévoux.

Le marquis de Baglion de la Salle.
De Panette.
Jean-François Trollier de Fetau.
Barthélemy-Marie Bonne de Pezex.
Ennemond-Augustin Hubert, Sgr de Saint-Didier.
Jean-Antoine de Regnauld, chevalier, Sgr de Parcieux, Massieu et Mions.
Aimé Penet, comte de Monthernot.

Châtellenie de Thoissey.

Laurent Margueritte de Valleins, Sgr de Saint-Didier, Challes, Barbaret, etc.
Jean-Baptiste Bourbon, Sgr de Deaulx et Saint-Didier.
Louis-Alexandre Chollier, chevalier de Cibeins, Sgr de Chazelles, Saint-Etienne, Mézège, etc.
Aimé-Marie Penet, comte de Monthernot.
Le comte de Montrevel.
Le chevalier de Cibeins.
Jean-Marie de Veyle, Sgr de Lioneins.

Châtellenie de Chalamont.

Le baron de Belvey et de Chaillouvre.
Jean-Marie Ducret, écuyer, Sgr de Laugé.
Henri et Donat Baudrand de Pradel, Sgr de la Roue et de Ronzuel.
Antoine-Suzanne Chapuis de Brion, écuyer, Sgr de la Franchise.

Châtellenie de Lent.

Marie-Joseph-Claude-François de Favre, chevalier, Sgr de Longry et du Colombier.
Jean-François Penet, chevalier de Monthernot.
Marie-Jean-Baptiste d'Escrivieux Descouarde, chev., Sgr de Montmont.
Gabet de Beauséjour.

Châtellenie de Montmerle.

Jean-Jacques de Vidauld, comte de la Batie.
Anne-Marie Berthelon de la Vennerie, écuyer.
Guillaume-Louis de Murard, Sgr de Franchesscin.
Dame Rose-Jérôme de Murard, veuve et héritière usufruitière de Jean-Baptiste de Bona de Perex, dame de Grenouilleux et Chavagneux.
Barthélemy-Marie de Bona de Perex, fils.

Châtellenie d'Ambérieux.

Le marquis de Damas d'Antigny, Sgr de Breuil, Ambérieux et Monthieux.
Claude Tholomet, Sgr de Fontanelle.
Le comte de Varennes, baron de Saint-Olive, Sgr de Gleteins.
Louis-Nicolas Murgier de Fonbleins, Sgr de Savigneux et la Serpollière.
Jean-Louis Guichard, chevalier, ancien conseiller de l'ancien parlement de Dombes.

Châtellenie de Villeneuve.

De Vincent, chevalier, Sgr de Panette, Villeneuve, Champlein, la Breille, Château-Garnier et la Sidonie.
Laurent-Gabriel-Hector de Chollier, chevalier, comte de Cibeins, Sgr de Mizérieux et Sainte-Euphémie.
François-Roch de Quinson, chevalier, Sgr de Boujard.
Tavernot, ancien avocat général au parlement de Dombes.
Louis-Marie de Garnier, marquis d'Ars.
Des Rioux de Messimy, ancien procureur général au parlement de Dombes.
Dame Catherine-Claudine de Chaponay, veuve du marquis de Quinsonnas, dame du comté de Sèvres et d'Aiguereins.
Michel-Antoine-Philibert de Reynaud de Serezin.

Châtellenie de Beauregard.

Claude, marquis de Saron, baron de Fléchères, Sgr de Beauregard, Frans et Jussans.
Marie Murgier de Fonbleins, demoiselle, propriétaire du fief de la Praye.
Jean-Louis Guichard.
Jacques-Antoine des Rioux, comte de Messimy, Sgr de Movet.
Marc des Rioux, fils.

Châtellenie de Saint-Trivier.

François-Elisabeth Bellet, baron de Saint-Trivier, Sgr de Tavernot et de Cesseins.
Marc-Antoine de Moyel de Berreins, Sgr de Mons.
Jean-François Penet, chevalier de Monthernot.

Châtellenie de Chatelard.

Jean-Baptiste-Gaspard Cusset de Montrozard.
Dames Marguerite-Louise et Catherine-Françoise Cusset, sœurs, co-Sgresses de Marlieux, Saint-Germain et la Ville.
Le chevalier de Jousselin.

On donna défaut contre MM.

Desparre, Sgr de Roquet.
Le comte de Montezau et de Garnerans.
Mme de Foudras, dame d'Argèle.
Le marquis de Varambon, co-Sgr de Chatenay.
Les enfants héritiers de M. de Montrevel.
Le baron de Juis.
De Ferray, Sgr de Saint-Georges.
De Polignac, évêque de Meaux, comte de Baneins.
La duchesse de Biron, dame de Ligneux.

Se sont présentés sans assignation MM.

Charles de Jousselin, chevalier, Sgr de Roche, ancien chef de brigade au corps royal d'artillerie.
Marc des Rioux de Messimy, chevalier, ancien procureur général au parlement de Dombes.
Antoine Bellet, chevalier de Tavernost.
Jean-Louis Guichard, chev., anc. conseiller au parlement de Dombes.
Jérôme Andras, écuyer, ancien conseiller au parlement.
Jean-François Janet, écuyer.
Nicolas-François Gémeau, écuyer.
Jean-Marie-Angélique Gabet de Beauséjour, écuyer.
Michel-Antoine-Philibert de Renaud de Serezin, écuyer.
Pierre-Laurent-Marie de Veyle, écuyer.
Jean-François Penet, chevalier de Monternot.
Anne-Marie Berthelon de la Venerie, écuyer.
Jean-Marie Ducret, écuyer, Sgr de Lange.
Dame Jeanne-Marie-Charlotte Aimard de Franchessein, épouse de M. Antoine-Elisabeth Penet, comte de Chatelard.
Le comte de Monthernot.
De Montfalconnet de Perex, chevalier.
Jean-Pierre Giriez, écuyer.
Marie-Jean-Baptiste Braquier, écuyer.
Gaspard-Adrien Bonet de Louvat de Champolon, Sgr de Courtelet.
Le comte de Varennes.
Dame Marguerite Girard, veuve de Joseph Valentin, écuyer.
Jean-Marie-Cécile Valentin du Plantier, écuyer.
Jean-Baptiste-Victor Valentin des Mures.
Louise-Cécile Valentin, demoiselle, propriétaire par indivis avec les quatre susnommés de la rente noble du prieuré de Saint-Trivier et Percieux.

LISTE DES DÉPUTÉS DES TROIS ORDRES

AUX ÉTATS-GÉNÉRAUX DE 1789.

AUTUN.

M. l'évêque d'Autun (Charles-Maurice de Talleyrand-Périgord).
M. de Digoine, marquis du Palais.
M. Repoux, avocat.
M. Verchère de Reffye, avocat.

AUXERRE.

M. l'évêque d'Auxerre (Jean-Baptiste-Marie Champion de Cicé).
M. le comte de Moncorps Duchesnoi.
M. Marie de la Forge, conseiller au présidial.
M. Paultre des Epinettes, bourgeois à Saint-Sauveur.

AUXOIS ET SEMUR.

M. Boulliotte, curé d'Arnay-le-Duc.
M. le marquis d'Argenteuil, maréchal de camp.
M. Guiot, avocat, à Arnay-le-Duc.
M. Guiot de Saint-Florent, avocat à Semur.

BOURG EN BRESSE.

M. Gueidan, curé de Saint-Trivier.
M. Bottex, curé de Neuville-sur-Ain.
M. Garron de la Bévière, chevalier de Saint-Louis.
M. de Cardon, baron de Sandrans.
M. Populus, avocat.
M. Bouveyron, bourgeois.
M. Gautier des Orcières, avocat.
M. Picquet, avocat du roi.

BUGEY ET VALROMEY.

M. Favre, curé d'Hotonne.
M. le marquis de Clermont Mont-Saint-Jean.
M. Brillat-Savarin, avocat.
M. Liliaz de Crose, avocat.

CHALON-SUR-SAONE.

M. Genetet, curé d'Etrigny.
M. Oudot, curé de Savigny en Revermont.
M. le marquis Bernard de Sassenay.
M. Burignot de Varenne.
M. Petiot, procureur du roi, à Châlon.
M. Paccard, avocat à Châlon.
M. Bernigaud de Granges, écuyer, lieutenant général au bailliage de Châlon.
M. Sancy, avocat à Châlon.

CHAROLLES.

M. Pocheron, curé de Champvent.
M. le marquis de la Coste.
M. Geoffroy, avocat.
M. Fricaud, avocat.

CHATILLON-SUR-SEINE.

M. Couturier, curé de Salives.
M. le comte de Chastenay-Lanty.
M. Frochot, avocat, prévôt royal d'Arnay-le-Duc.
M. Benoît, avocat et notaire à Frolois.

DIJON.

M. l'évêque de Dijon (René des Monstiers de Mérinville).
M. Merceret, curé de Fontaine-lès-Dijon.
M. Le Mulier de Bressey.
M. le comte de Lévis.
M. Volfius, avocat au parlement de Dijon.
M. Arnoult, avocat au parlement et au conseil des Etats de Bourgogne.
M. Hernoux, négociant à Saint-Jean de Losne.
M. Gautheret, cultivateur propriétaire.

GEX.

M. Rouph de Varicourt, official de l'évêché de Genève.
M. de Prez de Crassier, chevalier de Saint-Louis, lieutenant-colonel d'infanterie, grand bailli d'épée.
M. Girod de Toiry, avocat.
M. Girod, bourgeois.

MACON.

M. Ducret, curé de Saint-André de Tournus.
M. le comte de Montrevel, maréchal de camp.
M. de la Methcrie, avocat.
M. Merle, maire de Mâcon.

TRÉVOUX.

M. Lousmeau-Dupont, curé de Saint-Didier de Chalaronne.
M. Vincent de Panetté.
M. Arriveur, commissaire enquêteur en la sénéchaussée de Lyon.
M. Jourdan, avocat à Trévoux.

PARLEMENT DE BOURGOGNE

EN 1789.
GRAND'-CHAMBRE.

Présidents.

Legouz de Saint-Seine, premier.   Verchère d'Arcelot.
Joly de Bévy.   Pérard.

Conseillers d'honneur.

L'évêque de Dijon, conseiller d'honneur-né.
L'archevêque d'Auch, ancien évêque de Dijon.
L'archevêque de Lyon, ancien évêque d'Autun.
L'évêque de Belley.
L'évêque d'Autun.
L'abbé de Cîteaux, premier conseiller d'honneur-né.

Chevaliers d'honneur.

De Sennevoy.   De Filz-Jean de Talmay, conseil-
De Fontette de Sommery.   ler d'honneur laïque.

Conseillers-Maîtres.

Villedieu de Torcy.   Godeau d'Entraigues.
Verchère d'Arceau.   Carrelet de Loisy, fils.
Mairetet de Thorey.   Bellet de Tavernot de St-Trivier.
Girau de Vesvres.   Le Belin.
Cottin de Joncy.   Loppin de Preigney.
Quirot de Poligny.   De Bruère de Rocheprise.
Carrelet de Loisy.   Micault de Courbeton, fils.
Bizouard de Montille.   Ranfer de Monceau de Bretenières.
Guyard de Bâlon.   Chevignard de la Palu.

Conseillers honoraires.

Suremain de Flamerans. Gravier de Vergennes. Begin d'Orgeux.

CHAMBRE DE LA TOURNELLE.

Présidents.

D'Anthès de Longepierre.
Richard de Ruffey.

Mayneaud de Pancemond.
Micault de Courbeton.

Conseillers.

Barbuot de Palaiseau.
De Beuverand.
Devoyo.
Genreau.
Raviot.
Baillyat de Broindon.
Boussard de la Chapelle.
Charpy de Jugny.
Deforest.
Constantin de Surjoux.

Juillet de Saint-Pierre.
Legouz de Saint-Seine, fils.
Vincent de Montarcher.
Fyot de Mimeure.
De Colmont.
Pouletier de Suzenet.
Cattin de Richemont de Villotte.
Brunet de Monthelie.
Maublanc de Martenet, honoraire.
Jehannin de Chamblanc, hon.

CHAMBRE DES ENQUÊTES.

Présidents.

Jannon. N....., office vacant.

Conseillers-Maîtres.

Gauthier.
Guenichot de Nogent.
Lorenchet de Melonde.
Cochet du Magny.
De la Loge, puîné.
De Lagoutte.
Verchère d'Arceau.
Mairetet de Malmont.
Quarré de Monay.

Boullard de Gatellier.
Bouthier de Rochefort.
De Bastard.
Vouty de la Tour.
Pelletier de Cléry.
Villedieu de Torcy, fils.
Guenichot de Nogent, fils.
Joly de Bévy, fils.

Conseillers honoraires.

Perreney de Grosbois, premier
  présid. au parl. de Besançon.
D'Arlay.

Varenne de Longvoy.
De la Loge, aîné.
Le Mulier de Bressey.

CHAMBRE DES REQUÊTES DU PALAIS.

Président.

Fardel de Daix.

Conseillers.

Barbuot de Palaiseau.
Juillet de Saint-Pierre.
Chiquet de Champ-Renard.
Nadault.

Joleau de Saint-Maurice.
Balard de la Chapelle.
Venot.
André de Champcour.

Gens du roi.

Colas, avocat général.
Pérard, procureur général.
Poissonnier de Pruslay, avocat général.
Loppin de Gemeaux, avocat général honoraire.
Guyton de Morveau, avocat général honoraire.

(*Histoire du Parlement de Bourgogne*, de 1733 à 1790, par
A. S. des Marches; imp. à Châlon-s.-S., 1851, in-f°.)

SECRÉTAIRES DU ROI.

Bouthier de Rochefort, conseiller au parlement, garde des sceaux.
Boyard de Forterre, à Auxerre.
Moussier, à Chagny.
Charles-Louis Bizoton de Saint-Martin, à Liancourt.
Languet de Sivry, à Arnay-le-Duc.
Joly de Saint-François, à Dijon.
Bernard Mollerat, à Nuits.
Charles-Christophe Millereau, à Vauban.
Sébastien Ligeret de Beauvais, à Dijon.
Jean-Edouard Cousin, à Dijon.
Claude-Antoine Plaise, à Casteljaloux.
Bernard Belot, à Dijon.
Jacques-Pierre Champy.
Etienne-Philibert Debon.
Jean-Baptiste Perrot.

Secrétaires du roi (création de 1715).

Marc-Antoine Nicole, à Chartres.
Gilbert Bernigaut du Chardonneret, à Charolles.
Lazare Calart d'Azu, à Mont-Saint-Vincent.
Pierre Tixier, à Clermont-Ferrand.
Antoine Marie Dumas, à Beaujeu.
Jean Bourgeois, à Beaune.
Claude-Théodore Leschenault, à Châlon-sur-Saône.

René-François-Théodore Tiget de Rouffigny, à Paris.
Anne-Nicolas Lequesne, à Paris.
Claude-Marie Megret de Méricourt, à Saint-Quentin.
Jacques-Charles Lecarpentier.
Pierre-Denis Hébert.

Payeurs des gages, commués en Secrétaires du roi.

Bichain de Montigny.   Fournier de Servant.

Grands Baillis d'épée.

Autun et Montcenis. Le comte de Grammont.
Auxerre .... D'Avigneau.
Bar-sur-Seine ..... Baron de Crussol.
Belley .... De Montillet de Rougemont.
Bourbon-Lancy ..... De Faubert.
Bourg en Bresse ... Cachet de Montezan, comte de Garneran.
Chûlon-sur-Saône .. Le marquis de Monteynard.
Charolles .... Quarré d'Aligny. Le chevalier de Prez de Crassier, en survivance.
Châtillon-sur-Seine. Febvret de Fontette.
Dijon .... De la Mare d'Aluze, chevalier de Saint-Louis.
Gex .... Le comte de Laforest.
Mâcon .... Desbois.
Semur .... Le marquis du Châtelet.
Trévoux et Dombes.. Leviste, comte de Montbriant, grand sénéchal.

(*État des Cours de l'Europe* en 1783-1789, par La Roche-Tillac. — *Bibl. imp.*)

CHAMBRE DES COMPTES DE BOURGOGNE.

Premier Président.

1771. Marc-Antoine-Claude de Pradier, marquis d'Agrain.

Présidents.

1757. Claude Brondeault.
1777. Jean-François-Luc Dirisson.
1778. Joseph-Louis-François Choulx de Bussy.
1781. Charles-André-Hector Grossard de Virly.
       Hubert-Joseph-Toussaint Barbier de Reulle.
1784. Charles Richard de Vesvrotte.
1786. Bénigne-Charles Vaillant de Meixmoron.

Chevaliers d'honneur.

1749. Jean Girault de Montbellet.
1779. Charles-François Le Febvre, vicomte de la Maillardière, lieutenant du roi au gouvernement de Picardie, capitaine d'infanterie.
Arnoult-René-Toussaint Heudelot de Letancourt.

Conseillers-Maîtres.

1740. Philibert Papillon de Flavignerot, doyen, trésorier garde des chartes.
1742. Nicolas Surget.
1745. Nicolas-Claude Rousselot, ancien maire de Dijon.
1755. Jean-Bernard Gautier.
1758. Jean-Baptiste Vergnette de la Mothe.
1759. Jean-Baptiste Perret de Flavignerot.
1760. Claude Gallier.
1762. Pierre-Bernard Ranfer de Bretennières.
1769. François-Philibert Laureau de Lavault.
1770. Nicolas Surget, fils d'autre Nicolas.
1772. Jean-Bernard Cocquard.
1775. Jean Surget, puîné.
Augustin de la Ramisse.
1776. Jean-François-Marie Jordan.
1777. Charles-François Febvre.
1778. Louis-Arnould Le Seurre de Mussey.
Antoine-Nicolas Joly.
1779. Claude de La Troche.
1780. Toussaint Michel.
Louis-Adrien Demanche.
1781. Pierre-Jean Moreau.
1782. Claude Perroy de la Foretille.
1785. Charles-Marie Perroy de la Foretille et de Sercy, fils.
1786. Anne-François-Archambault Commerson.
1788. Bernard-Louis Vergnette de la Mothe, fils de Jean-Baptiste.

Offices vacants par décès.

Claude Nicaise.
Barthélemy-Simon Jomard.
Jacques-Pierre Ligier.

Conseillers-Maîtres honoraires.

Pierre Brusson.
Florent Joly.
Nicolas Quirot de Selongey.

Conseillers Correcteurs.

1751. Pierre Petitjean.
1760. Denis-Prudent Lardillon.
1762. Bernard Lejeune.
1763. Jean-Jacques Desaille.
1764. Joseph-Marie Metrilliot du Fayol.
1777. Lazare Chervau.

Offices vacants par décès.

Etienne Paney.
François Gay de Chassenard.
Charles-Louis-Michel Bergier.

Conseillers Correcteurs honoraires.

Bernard Dromard.
Etienne Jacquinot de Chazan.

Conseillers-Auditeurs.

1751. Gilbert Martin.
1753. Louis-François Anglard.
1767. Jacques Godard.
1768. Jean Vaudremont.
1774. Louis-Melchior Petitot.
1775. Etienne Demermety.
1776. Nicolas-Gabriel Bourée.
1781. Claude Gelyot.
    Augustin-Louis Hucherot.
1784. Antoine-Marie Mandonet.
1785. Claude-Adrien-Benoît Gauthier.
1786. Claude-Xavier Girault.
1787. Guillaume Maître.

Conseillers Auditeurs honoraires.

Henri de Latroche.
Simon-Louis Ligier.
Dominique Joly.
Hugues Monin de la Cour.

Gens du roi.

1782. Claude-François-Nicolas Boutillon de la Servette, avocat général.
1788. Etienne Vergnette de la Mothe, avocat général.
1776. Charles-Guillaume-Philibert Bouillet, baron d'Arlod, procureur général.

Greffier en chef.

1745. Jean de Cinqfonds.

(*Reg. de la Chambre des Comptes aux Archiv. de la Côte-d'Or.*)

GÉNÉRALITÉ DE DIJON

Antoine-Léon-Anne Amelot de Chaillou, conseiller du roi en ses conseils, maître des requêtes, intendant de justice, police et finances dans les provinces de Bourgogne, Bresse, Dombes, Bugey, Valromey et Gex. Le Prince, premier secrétaire.

BUREAU DES FINANCES ET CHAMBRE DU DOMAINE.

Présidents.

1750. Jean-Antoine Piffond de Pressy, élu du roi aux États de Bourgogne de 1772.
1752. Alexandre Jouard de Gissey.
Jacques Millot de la Craye, président honoraire.

Chevalier d'honneur.

1759. Claude-Louis Brondeault.

Trésoriers de France.

1754. Henri Maulbon d'Arbaumont, élu du roi en 1781.
1757. Jacques Febvre, élu du roi en 1784.
1761. Gabriel-Marie de la Grange, élu du roi en 1787.
1763. Jean-Claude Jobard.
1764. Emilian-Jean Meney.
Nicolas Pierre.
1767. Emilian-Marthe Morel.
1770. Philippe Deschamps.
Léonard de Mortières.
1774. Pierre-Hilaire-Joseph de Bruère de Vaurois.
1775. Georges Mathieu.
1777. Pierre-Marie Montchanin de Champoux.
1779. Jean-Philibert Bouillet de la Faye.
1781. Louis Joanin.
Barthélemy Trouvé.
1782. Louis Ozannon.
1783. Louis-Charles Maulbon d'Arbaumont, fils de Henri.
1784. Charles-Marguerite Simon de Calvi.
1786. Jean-Baptiste Quarré.
1787. Vincent-Simon Moreau.
1780. Claude-Nicolas Perret, avocat du roi.
1781. Auguste-Théodore Bazard, procureur du roi.

Greffiers en chef.

1770. Claude Florens. 1782. Jean-Baptiste Collin.
1773. Claude Chaudon.

(*Reg. du bureau des finances, aux Archiv. de la Côte-d'Or.*)

GOUVERNEMENT MILITAIRE.

DUCHÉ DE BOURGOGNE.

Gouverneur général.

Mgr le prince de Condé.

Commandant en chef.

M. le marquis de la Tour du Pin Gouvernet.

Lieutenants généraux.

Le comte de Monteynard.
Le marquis de la Valette.
Le marquis de Gouvernet.

Le marquis de Sales.
Le marquis d'Apchon.
Le comte de Tavannes.

Lieutenants de Roi.

De la Vernette.
Le comte de Créancé.
Le comte de Fautrière.
Le comte du Peron.

Le comte de Ferrary de Romans.
Le comte de Sainte-Maure.
Le marquis de Croisy-Montalan.

Lieutenants des maréchaux de France.

Le marquis de Noblet de la Clayette, à Mâcon.
Le marquis d'Ozenay et de Milly, à Mâcon.
De Champeaux de Saucy, chev. de Saint-Louis, à Autun.
Le vicomte de Bar, à Autun.
Le comte de Lauras du Faix, à Bourg en Bresse.
Le marquis de Meximieux, chev. de Saint-Louis, à Belley.
De Meximieux, fils du marquis.
De Pommard, à Auxerre.
Créthé de Labarcelle, chev. de Saint-Louis, à Auxerre.
Mere de Beauford, à Auxerre.
Richard d'Ivry, à Beaune.
Le comte de Varennes, à Dombes.
Le comte de Chatelard, à Trévoux.
Dormy, baron de Vesvres, à Bourbon-Lancy.
Le comte de Flogny, à Saint-Florentin.
De Drouas, à Semur.
Espiard de Mâcon, à Semur.
De Bazasne, à Avalon.
Le marquis de Savoisy, à Châtillon-sur-Seine.
Bernard de la Vernette, à Châtillon-sur-Seine.
Des Taboureaux, à Joigny.

Gouverneurs particuliers.

Dijon et château...	Le prince de Condé, gouverneur.
	De Neuilly, commandant la ville.
	Guyard de Changey, commandant du château.
Auxonne..........	Le comte de Bissy, gouverneur.
	De la Martinière, major commandant.
Chûlon-sur-Saône..	Le comte de Monteynard, gouverneur.
	De Villeneuve Beringhen, major commandant.
Bourg............	De Barthélemy d'Hastel, commandant, puis M. Loubat de Rohan.
Fort-de-l'Écluse....	De Laurans, major.
Pontvelle.........	Larcher, comte de la Touraille, commandant.
Seyssel..........	De Chamolles, commandant.

CHAPITRE NOBLE D'HOMMES.

SAINT-PIERRE DE MACON (1).

Chanoine comte d'honneur.

Gabriel-François Moreau, évêque de Macon.

Chanoines-comtes.

La Tour du Pin Gouvernet.	De Rozières de Sorans.
De Raincourt.	De Beaufort de Saint-Quentin.
De Valetine.	D'Aurelle.
D'Abzac de Mayac.	Dugon (d'Hugon).
De Glanne.	De Villers La Faye.
De Montz.	De Clermont-Tonnerre.
D'Amendre.	De Scey de Montbelliard, honor.

CHAPITRE NOBLE DE DAMES.

NEUVILLE EN BRESSE (2).

De Beaurepaire, doyenne.	D'Espiard d'Auxange.
De Charbonnier-Crangeac, chantre.	De la Rodde de Saint-Romain.
De Chastenay-Lanty, secrétaire.	De Vallin.

(1) Les preuves étaient de quatre générations du côté paternel et du côté maternel, non compris le présenté. Ce chapitre fut érigé en Comté en 1773.

(2) Les preuves étaient de neuf générations du côté paternel. La mère devait être demoiselle, et pour cela on exigeait au moins trois générations Louis XV avait accordé aux Chanoinesses de Neuville le titre de *Comtesse*.

De Vallin-Coppier.
De la Rodde.
De Charbonnier.
De Terrier Maillé.
Du Breul des Crues.
Du Breul des Crues.
De Menthon de Rosy.
De Riccé.
De Bataille.
De Menthon de Rosy.
Du Breul des Crues.
De Breul des Crues.
De la Rodde du Chastel.
Du Dressier.
De Buffevent
Du Dressier de Montenoz.
De Damas Cormaillon.
Le Gouz de Saint-Seine.
De Varennes.
De Varennes.
De Varennes.
De Durfort Léobard.
Dupac de Bellegarde.
Dupac de Bellegarde.
Dupac de Bellegarde.
De Berbis Longecourt.
De Charpin-Feugerolles.

De Noblet de la Claitte.
De Noblet de la Claitte.
De Malarmay de Roussillon.
De Durfort.
De la Mire de Mauri.
De Noblet de la Claitte.
De Malarmay de Roussillon.
De Charbonnier de Crangeac.
De Brachet.
De Brachet.
De Brachet.
De Monestay.
Le Prudhomme de Fontenoy.
De Noblet de la Clayette.
De la Rivière.
De Monestay.
De David de Beauregard.
De Levis Mirepoix.
Xavière de Saxe.
Marthe de Saxe.
Brigitte de Saxe.
Joséphine de Saxe.
Sabine de Saxe.
Mélanie de Forbin.
Clotilde de Forbin.
De Roys-Desports de Lédignan.
De Toustain de Richebourg.

Chanoinesses honoraires.

De Foudras.
De Beaurepaire.
De Damas.

De la Rodde de Charnay.
De la Rodde de Bellefons.
Le Bascle d'Argenteuil.

Chanoinesses d'honneur.

Bernard de Montessus.
Laurencin de Beaufort.
De la Rivière.

De Malvin de Montazet.
D'Hautefort.
De Fontanges.

Surnuméraires des Chanoinesses d'honneur.

De Sommery.   De Chevigné.   De Sarsfield.

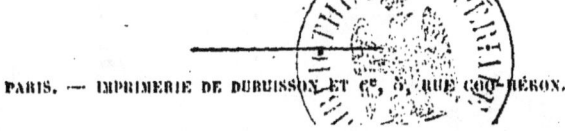

PARIS. — IMPRIMERIE DE DUBUISSON ET Cⁱᵉ, 5, RUE COQ-HÉRON.

www.ingramcontent.com/pod-product-compliance
Lightning Source LLC
Chambersburg PA
CBHW062010070426
42451CB00008BA/595